Die Originalausgabe von *Konservkungen – Der Konservenkönig* erschien 2006 unter dem Titel *Konservkungen : Herbert Felix – ett flyktingöde i 1900-talets Europa* bei Albert Bonniers Förlag, Stockholm

1. Auflage

Raingasse 9b, A-7400 Oberwart, Austria
Tel. +43(0)3352/33940, Fax +43(0)3352/34685
info@lexliszt12.at, www.lexliszt12.at
ISBN: 978-3-99016-147-0

Verlagsleitung: Horst Horvath
Produktionsleitung: Julia Gsertz
Redaktion: Walter Reiss
Lektorat: Julia Gsertz
Cover: Georg Oddner, Malmö Museer
Layout und Gestaltung: bayamo.sro
Druck: Der Schmidbauer, Oberwart

Der Titel des Buches *Zum Glück gibt's FELIX* ist auch Leitsatz einer Produktkampagne.

Gedruckt mit Unterstützung von:

BUNDESKANZLERAMT ÖSTERREICH
KUNST

Burgenland liest 2018

NATIONALFONDS
DER REPUBLIK ÖSTERREICH FÜR OPFER DES NATIONALSOZIALISMUS

ZukunftsFonds
der Republik Österreich

Die edition lex liszt 12 wird im Rahmen der Kunstförderung des Bundeskanzleramtes sowie durch das Land Burgenland unterstützt.

Per T Ohlsson

Zum Glück gibt's Felix

Das Flüchtlingsschicksal des Industriepioniers Herbert Felix

Herausgegeben von
Gertrude Andersson-Reisner
Walter Reiss
Eduard Sieber

Inhaltsverzeichnis

Vorwort

Dieses Vorwort habe ich am Rande eines Kongresses im Österreichischen Kulturforum in Prag über „Böhmisch-Mährisch-Tschechische Verflechtungsgeschichten" konzipiert, da ich dort über Bruno Kreisky und seine Wurzeln referiert habe. Dabei hat die Geschichte der Familie Felix in Třebíč/Trebitsch natürlich eine wichtige Rolle gespielt.

Ich bin Per T Ohlsson sehr dankbar, dass er bereits 2006 dieses Buch über den erfolgreichen Unternehmer und tschechischen Patrioten und Flüchtling Herbert Felix so ausgezeichnet recherchiert und dann in einer Biographie auf Schwedisch niedergeschrieben hat. Mit kritischem Blick näherte er sich der vorhandenen Literatur, wie beispielsweise den Erinnerungen von Kerstin Cruickshank, der ersten Frau von Herbert Felix, ebenso wie den zahlreichen Primärquellen wie den Briefen und Tagebüchern, die im Riksarchiv in Stockholm lagern, sowie dem Material aus anderen Sammlungen, unter anderem auch aus Tschechien.

Angereichert durch Interviews mit Zeitzeuginnen und Zeitzeugen, die Herbert Felix noch gekannt haben, entsteht ein spannendes Bild über eine kreative Unternehmerfamilie jüdischer Herkunft, die ursprünglich vor allem Militärärzte waren, ehe Salomon Felix aufgrund einer Erkrankung das kaiserliche Privileg erhielt, Branntwein in Trebitsch in Mähren herzustellen. Moritz Felix erweiterte das Unternehmen durch die mit Joseph Löw gegründete Gurkenfabrik in Znaim, die der Vater von Herbert, Friedrich Felix, übernahm. Insgesamt hatten Moritz Felix und seine Frau 16 Kinder. Doch die genauen Geschichten sollen im nachfolgenden spannenden Text gelesen werden.

Herbert Felix, der durchaus das Leben in vollen Zügen genießen konnte, wurde wie die ganze Familie Felix und Kreisky und das europäische Judentum von der Vernichtungswut des Nationalsozialistischen Regimes und seiner Kollaborateure erfasst. Drei Viertel der Familie wurden in der Shoa ermordet – so auch Herberts Vater Friedrich („Fritz") und seine Mutter Ida sowie sein Bruder Willi. Herbert gelang die Flucht nach Schweden, wo er wieder erfolgreich unternehmerisch tätig war, die Genehmigung für die Einreise seiner Eltern und seines Bruders Willi erhielt er erst gegen Kriegsende – ein grausames Dokument, das die Grenzen der schwedischen Asylpolitik zeigt. Kreisky konnte seine Eltern gerade noch aus Wien nach Stockholm holen.

Spannend sind die mehrfachen Identitätszuschreibungen für Herbert Felix – als Jude, (Alt-)Österreicher und Tscheche. Obwohl im sicheren Exil in Schweden ging er nach England und kehrte mit der Tschechischen Brigade als einer der ersten Exiltschechen in die Heimat zurück. 1948 nach dem kommunistischen Putsch verließ er erneut die Tschechoslowakei, für deren Befreiung er gekämpft hatte, und sollte dann auf Anraten seines Cousins Bruno Kreisky in Mattersburg 1961 eine neue Konservenfabrik errichten – unter großen ökonomischen Schwierigkeiten. Per T Olsson schildert sehr präzise die wirtschaftlichen Entscheidungsprobleme und spricht daher zahlreiche Probleme und Fehlentscheidungen offen an und scheut auch vor der Andeutung privater Schwächen von Herbert Felix nicht zurück. Umso plastischer wird daher das Bild.

Eduard Sieber ergänzt diese Darstellung um eine Innensicht von FELIX in Mattersburg, vertieft durch Erinnerungen ehemaliger Mitarbeiterinnen und Mitarbeiter von FELIX AUSTRIA in Gesprächen mit Walter Reiss und einer aktuellen Selbstbeschreibung als Teil eines norwegischen Konzerns durch Gertrude Andersson-Reisner und Gulliver Wagner.

Dieses Buch ist eine höchst gelungene Unternehmerbiographie, die gleichzeitig die zeitgeschichtlichen Brüche des Zweiten Weltkrieges und des Kalten Krieges verdeutlicht. Es ist der Herausgeberin Gertrude Andersson-Reisner und ihren Mitherausgebern Walter Reiss und Eduard Sieber sehr zu danken, dass sie mit diesem Band einer erweiterten deutschsprachigen Ausgabe ein wichtiges Kapitel der heute fast vergessenen mährisch-österreichisch-tschechischen Unternehmerfamilie Felix wieder in Erinnerung gerufen haben.

Prag –Wien im September 2018
Oliver Rathkolb

Konservkungen – Der Konservenkönig

Ein Lebensbild, erzählt von Per T Ohlsson
Aus dem Schwedischen von Martin Andersson

Wenn wir morgens aufstehen, gehen wir ins Badezimmer, dort greifen wir nach einem Schwamm, den uns ein Inselbewohner der Südsee in die Hand gibt. Wir nehmen ein Stück Seife, die ein Franzose für uns geschaffen hat. Das Handtuch kommt von einem Türken. Dann, wenn wir uns zu Tisch setzen, trinken wir Kaffee von einem Südamerikaner oder Tee von einem Chinesen oder Kakao von einem Westafrikaner. Wenn wir dann zur Arbeit gehen, stehen wir in der Schuld von mehr als der halben Welt.

Martin Luther King, Jr.

Vorwort zur Biographie

Die Marke FELIX lernte ich Anfang der Sechzigerjahre in Malmö kennen. Spaghetti waren natürlich ein Lieblingsgericht, das nach Möglichkeit mit Tomatenketchup genossen werden sollte. Die Glasflaschen von Heinz, die meine Eltern bevorzugten, waren schwer zu hantieren, besonders wenn man es eilig hatte und die Spielkameraden warteten. Und irgendwie bekam man nie die richtige Menge auf den Teller: es kam entweder zu viel oder zu wenig. Manchmal, wenn die Flasche ganz neu oder aber fast leer war, kam überhaupt nichts raus.

Die Plastikflaschen von FELIX in Eslöv waren die Rettung. Sie waren wie gemacht für eifrige Kinderhände. Ein schneller Druck – und schwups strömte die rote Sauce in exakt der gewünschten Quantität heraus.

Es gab nur ein Problem. Vater, konservativ und genau, was Stil und Form betraf, duldete keine Plastikverpackungen am Esstisch. Außerdem war er der Ansicht, dass die Flasche von FELIX manchmal Laute von sich gab, die in ihm Assoziationen weckten, bei denen er den Appetit verlor. Ich wurde in die Küche verwiesen. Dort, hinter verschlossener Tür und für Vater außer Hörweite, konnte ich Ketchup spritzen, so viel ich wollte. Wenn ich fertig gedrückt hatte, ging ich mit dem Teller ins Esszimmer und leistete ihm und Mutter Gesellschaft bei Tisch.

Schon in der Kindheit bekam ich also das Gefühl, dass FELIX etwas Spannendes und Gefährliches war, doch es sollte noch ein Vierteljahrhundert dauern, bis ich begriff, wie spannend die Geschichte von FELIX eigentlich ist und wie gefährlich Herbert eigentlich gelebt hatte.

Irgendwann um 1990 herum las ich einen Zeitungsartikel, der ziemlich kurz das Leben und die Taten von Herbert Felix darstellte: seine Flucht aus der Tschechoslowakei, seine Teilnahme am Zweiten Weltkrieg, seine Erfolge als eingewanderter Unternehmensführer in Schweden. Ich entschied mich, bei

Gelegenheit mehr über ihn in Erfahrung zu bringen. Das Resultat ist die Geschichte vom *Konservkungen*, vom *Konservenkönig*.

Die Quellen, die ich verwendet habe, können in drei Hauptkategorien eingeteilt werden: Archive, Literatur und Interviews.

Kerstin Cruickshank, Herbert Felix' erste Ehefrau, deponierte vor ihrem Tod eine große Menge an Dokumenten im Riksarkiv in Stockholm. Dazu gehören mehrere Schachteln mit Briefen, Tagebüchern und anderen Papieren, die das Leben der Familie Felix in der Tschechoslowakei, die Umstände von Herberts Flucht 1938 und das finstere Schicksal seiner Eltern und seines Bruders beleuchten. Ich will dem hilfreichen Personal des Riksarkiv meinen Dank aussprechen.

Dokumente im Militärhistorischen Archiv in Prag sind ebenfalls von Bedeutung gewesen. Darin werden verschiedene Details zu Herbert Felix' Zeit als Offizier in der tschechischen Brigade, die 1943 in Großbritannien organisiert wurde, bestätigt – oder verneint. Am Ende des Krieges 1945 diente er als Verbindungsoffizier in der 3. US-Armee und war einer der ersten tschechischen Soldaten, die ins Heimatland zurückkehrten. Das Archivmaterial mit genaueren Informationen zu dieser Mission ist leider von einem Wasserschaden betroffen und steht gegenwärtig für die Forschung nicht zur Verfügung.

Da ich tschechisch weder spreche noch lese und außerdem die Archivkultur in Franz Kafkas Prag nicht gewohnt bin, hätte ich diese Dokumente niemals gefunden und niemals lesen können ohne die geschickte Mithilfe von Michal Mocek, einem geschichtskundigen und gründlichen Journalistenkollegen aus Prag. Er hat auch bei der Übersetzung von Material geholfen, das die tschechische Brigade behandelt. Michal hat großen Anteil an diesem Buch.

Durch das Stadtarchiv in Herbert Felix' Geburtsstadt Znaim im jetzigen Tschechien habe ich Zugang unter anderem zu Adressregistern, Geburtsinformationen, Zeugnissen und Schriftwechsel zwischen Herbert und den tschechischen Behörden erlangt. Auch hier gibt es weiße Flecken. Der Großvater von Herbert Felix, Moritz Felix, hatte offenbar einen Kompagnon mit Namen Löw, als er die Konservenfabrik 1868 in Znaim, später Znojmo, gründete. Wer dieser Löw war, geht leider nicht aus dem lokalen Archivmaterial hervor, das ziemlich dürftig ist, was Informationen über die jüdische Bevölkerung betrifft.*

Procordia Food hat mir freien Zugang zu Archiven aus der Zeit gewährt, in der Herbert als Disponent, Besitzer und Generaldirektor tätig gewesen ist. Besonders wertvoll waren die Vorstandsprotokolle. In diesen Sammlungen fand ich auch einiges an Material zu Herberts persönlichen Verhältnissen. Ein großes Dankeschön an Helena Giertz, Henrik Treschow und ihre Kollegen in Eslöv. Das alte Unternehmensarchiv wird derzeit, 2006, in das Landesarchiv in Lund übersiedelt, wo Anders Isberg mein Kontakt gewesen ist. Ich habe auch zu privaten Archiven Zugang gehabt, vor allem bei Kaj Persson. Dieser Ehrenmann, langjähriger PR-Chef bei AB FELIX, hat seinen Keller in Eslöv in ein lebensmittelhistorisches Museum verwandelt. Der ewig enthusiastische Kaj ist eine unerschöpfliche Quelle des Wissens über die Firma und die Menschen, die dort gearbeitet haben.

Aus der Literatur, die ich verwendet habe, möchte ich insbesondere drei Bücher nennen.

Die ausgezeichnete und gründliche Unternehmensgeschichte *Felix 1939–1984* vom Wirtschaftshistoriker Jan Kuuse hat als Wegweiser und Faktendepot gedient.

Bruno Kreiskys Memoiren *Zwischen den Zeiten* enthalten wichtige Informationen, teils über die Familie Felix, teils über das sehr nahe Verhältnis zwischen den Cousins Herbert und Bruno.

Eine ergiebige, wenngleich problematische Quelle sind die Erinnerungen Kerstin Cruickshanks, veröffentlicht 1993, als sie achtzig Jahre alt war. *Min natt- och dagbok* ist ein beeindruckendes Dokument einer starken und faszinierenden Frau. Einiges an Details ist jedoch irreführend. Kerstin Cruickshank besaß gelegentlich eine Tendenz zu Übertreibung und Dramatisierung. Herbert Felix' Flug nach Großbritannien 1943 bietet hierfür ein erhellendes Beispiel. Laut *Min natt- och dagbok* flog er in einer eiskalten Winternacht nach England, um sich den Alliierten anzuschließen. Kerstin schrieb, dass sie auf der Landebahn von ihm Abschied nahm und das Flugzeug im Dunkel verschwinden sah. Es ist eine ergreifende Schilderung mit Zügen von *Casablanca*. Ganz so war es nicht. Herbert notierte in seinem eigenen Tagebuch, dass er an einem schönen Frühlingstag in Bromma abgehoben war und sich am Östermalmsplatz von Kerstin verabschiedet hatte. Dennoch ist es unmöglich, das Leben von Herbert Felix zu schildern und zu verstehen, ohne auch von Kerstin zu erzählen. So wichtig war sie für ihn während der entscheidenden Jahre in den Dreißigern und Vierzigern.

Die Reihen an Personen mit eigenen Erfahrungen aus einem nahen Verhältnis zu Herbert Felix werden dünner. Kerstin Cruickshank verschied 1998, Maj Felix, Herberts zweite Gattin, im Jahre 2002. Sein engster Mitarbeiter Sixten Holmquist starb 1994, Bruno Kreisky 1990. Gespräche mit noch lebenden Angehörigen, Freunden und Kollegen Herberts machen daher einen ganz wesentlichen Teil des Quellenmaterials aus. Ich danke allen, die großzügig ihre Zeit und ihre Erinnerungen gespendet haben, insbesondere Caroline Ditleff-Buchberger, der Ehefrau von Herberts bestem Jugendfreund Fritz. Sie, die so wesentlich für unsere Kenntnis der Person Herbert Felix war, verschied unmittelbar nach dem ersten Erscheinen des Buches.
Sofia Murray, Bibliothekarin der Stadtbibliothek in Malmö, hat rasch und effektiv diverse Literatur herausgesucht. Iva Parizkova Rygeståhl, gebürtig aus Znaim, hat mit Übersetzungen und Material über ihre und Herbert Felix' Heimatstadt mitgeholfen. Der Journalist und Verfasser Henrik Moberger in Göteborg, Marcel Audy bei der tschechischen Botschaft in Schweden, Tommy Arvidsson von der Fotoabteilung des Malmö Museums, der FELIX-Veteran Arne Liliedahl sind ebenfalls behilflich gewesen. Janerik Larsson, Vize-CEO von Svenskt Näringsliv, war eine große Hilfe, als ich um Zugang zum Material im Riksarkiv angesucht habe. Susanna Höijer bei Bonnier Fakta ist eine fähige und genaue Redakteurin. Mia und Lukas haben – wieder einmal – große Geduld bewiesen, als ein Biographie-Objekt sich in den Alltag der Familie drängte.

Last but not least ein warmes Dankeschön an die drei klugen und erfahrenen Kollegen, die das Manuskript streng geprüft haben und immer auf Zack waren: Håkan Bengtsson, Bo Bergman und Anders Isaksson. Ihre gründlichen Anmerkungen, kameradschaftlichen Zurechtweisungen und konstruktiven Einsichten sind Goldes wert gewesen. Anders Isaksson, Freund und Vorbild, ist 2009 zu früh verstorben.

Trotz dieses kleinen Heeres an hilfreichen Personen bin ich selbst – und kein anderer – verantwortlich für eventuelle Mängel und Schwächen in jener Geschichte, die jetzt ihren Anfang nimmt.

Malmö im Juni 2006/April 2015
Per T Ohlsson

Herbert Felix und das Füllhorn

Eine schwedische Werbebroschüre mit einem noch dramatischeren Inhalt auszugraben, wird wohl schwierig: „Die Gewitterwolken häuften sich, und eines Tages kam die Entladung. Menschen, die nicht willens waren, ihr Land auszuliefern, sich nicht in Gewalt und Unterdrückung finden konnten, aber doch keine Gelegenheit hatten, mit der Waffe in der Hand zu kämpfen, mussten in Länder gehen, wo noch Recht und Freiheit herrschten [...] Und so geschah es, dass Herbert Felix eines schönen Tages nach Eslöv kam."

Mit dieser prächtigen Prosa wurden die Produkte lanciert, die P Håkanssons Konserver AB unter der Marke FELIX verkaufte. Es war im Jahre 1945 und Herbert Felix, Flüchtling aus der Tschechoslowakei, war nach zweieinhalb Jahren als Offizier bei den Truppen der Alliierten, die Nazideutschland besiegt hatten, gerade nach Eslöv zurückgekehrt.

Auf der ersten Seite der Broschüre prangte ein Füllhorn, aus dem Gurken, Früchte und Beeren flossen. Und völlig zu Recht: Das Unternehmen, das Herbert Felix 1939 aufzubauen begonnen hatte, füllte Küchenschränke mit einem steten Strom verarbeiteter Lebensmittel, die buchstäblich zur Alltagskost geworden sind. Es gab eingelegte Gurken und rote Rüben, Kartoffelpüree in Pulverform, Bostongurke, Ketchup in der Plastikflasche, Champignons und Ravioli und Fleischbällchen in der Dose.

Das Bild des Mannes hinter all dem hat zwei Seiten oder zwei Dimensionen: eine öffentliche und eine eher private. Derjenige Herbert Felix, der in geschäftlichen und sozialen Zusammenhängen auftrat, war ein hervorragender Alleinunterhalter und Charmeur. Ins kleine Eslöv brachte er einen Hauch große Welt. Der Eindruck von Bildung und Weltgewandtheit wurde durch einen leichten Akzent in seinem ansonsten ausgezeichneten Schwedisch verstärkt. Er war klein gewachsen, arbeitete in der wenig glamourösen Sphäre der Konserven und wurde manchmal von den antisemitischen Wahnvorstellungen seiner Umgebung getroffen. Aber durch seine kultivierte und elegante

Art zog er bewundernde Blicke auf sich, nicht zuletzt von Frauen. „Seine harmonische und kraftvolle Persönlichkeit hellt die Menschen in seiner Umgebung auf, wenn er an ihnen vorübergeht – man merkt es in der Fabrik, zu Hause, auf den Straßen Eslövs", schrieb *Husmodern* in einer lyrischen Reportage aus dem Jahre 1953 und setzte fort: „Er hat all unsere komplizierten Umgangsformen gelernt, vom Krebsessen bis zu *tack för sist* [eine schwedische Dankesformel]. Allein sein unbezwinglicher Charme verrät etwas von anderen Breitengraden."

Unter dieser glitzernden Oberfläche wurde Herbert Felix von grauenerregenden Erlebnissen und bitteren Enttäuschungen geplagt. Er war, unmittelbar und persönlich, betroffen von zwei Weltkriegen und einer unfassbaren Katastrophe: dem Holocaust. Das fand seinen Ausdruck in heftigen Stimmungsschwankungen und anhaltenden Magenbeschwerden. Während seiner Jagd nach Erfolg und Bestätigung in einem neuen Heimatland verbrannte er all seine Reserven. Er hätte so gerne ein eigenes Kind gehabt. Das ist der beklemmende Aspekt seiner etwas manisch betriebenen Liebesaffären außerhalb einer kinderlosen und mit der Zeit unglücklichen zweiten Ehe.

Dieses Doppelleben, ein charmantes Äußeres und ein verwundetes Inneres, fasst Gösta Wingertz zusammen, als er den Menschen Herbert Felix beschreibt. Wingertz, langjähriger Direktor der Salubrinfabrik in Eslöv, hatte häufig mit Herbert zu tun und erinnert sich an seinen Kollegen als „eine der belesensten und kultiviertesten Personen, die ich jemals getroffen habe, aber auch eine der cholerischsten".

Trotz seines schweren Gepäcks gelang es Herbert Felix, eines der größten Unternehmen in Schwedens Lebensmittelindustrie aufzubauen. Vielleicht mehr als jede andere Gestalt der schwedischen Wirtschaftsgeschichte repräsentiert er die Kräfte, die in denjenigen liegen, die hierher kommen, um neue Möglichkeiten zu finden.

Zwischen 1870 und 1964 wuchs das schwedische Bruttonationalprodukt pro Kopf schneller als in jedem anderen Land Europas. Daran gemessen hatte Schweden, gleich nach Japan, das rascheste Wirtschaftswachstum der Welt.

Die belebenden Impulse sind auffällig oft von außen gekommen, vermittelt und praktisch umgesetzt von Ausländern vor Ort in Schweden.

Bei Ausbruch des Ersten Weltkriegs 1914 senkten sich die Grenzbalken Europas. Schweden hielt sich aus dem Krieg heraus, beschränkte jedoch das Recht von Ausländern, sich innerhalb des Landes aufzuhalten. Die Einwanderung wurde strikt geregelt. Bis zum Zweiten Weltkrieg waren aus den USA zurückkehrende Schweden die größte Gruppe von Immigranten. Doch Unternehmer mit Wurzeln außerhalb des Landes schufen weiterhin bedeutende Firmen in Schweden.

Unter all diesen Einwandererschicksalen ragt das von Herbert Felix als das spannendste heraus – und als eines der tragischsten. In seinem Leben und seinen Taten verdichtet sich Europas 20. Jahrhundert, bald grausam, bald hoffnungsvoll. Ein ums andere Mal brachen die Verwicklungen der großen Politik in sein Dasein ein.

Herbert Felix wurde im damaligen Österreich-Ungarn in eine jüdische Familie hineingeboren. Am Ende des Ersten Weltkriegs wurde seine Geburtsstadt Znaim Teil des neugebildeten Staates Tschechoslowakei. Dort, im so genannten Sudetenland, verbrachte er seine Jugendjahre und dort begann er im Familienunternehmen LÖW & FELIX zu arbeiten, das Gurken in beinahe ganz Europa verkaufte. Er heiratete eine Schwedin, Kerstin Cruickshank. Als er begriff, dass das Schicksal der Tschechoslowakei besiegelt war, floh er nach Schweden, nur wenige Wochen vor dem Münchner Abkommen 1938.

Er war keineswegs der Einzige, der aufbrach und in den Norden reiste, als der Sturm sich näherte. Eine ganze Reihe von Flüchtlingen aus den deutschsprachigen Gebieten in Europa fand in den Dreißigern und Anfang der Vierziger ihren Weg nach Schweden. Mehrere von ihnen sollten das schwedische Kulturleben und die schwedische Öffentlichkeit bereichern.

Aus Österreich kamen der Architekt und Designer Josef Frank und der unvergleichliche Ingenieur, Geschäftsmann, Filmregisseur und Debattierer Harry Schein. Aus Deutschland flohen der Maler und Autor Peter Weiss und, im letzten Augenblick 1940, Nelly Sachs, Nobelpreisträgerin für Literatur 1966. Darunter waren auch manche Politiker, die nach dem Krieg hohe Stellungen in ihren Heimatländern erreichen sollten, während sie zugleich eine starke Verbindung zu Schweden aufrechterhielten: die Deutschen Willy Brandt und Herbert Wehner und der Österreicher Bruno Kreisky, Herbert Felix' Cousin.

In diesem erlauchten Kreis, der „Hitlers Gabe an Schweden" genannt worden ist, zeichnete sich Herbert Felix als der Unternehmer, der Industrielle und – wenn man so will – der Kapitalist aus. Dennoch, oder vielleicht gerade deswegen, ist er selten als inspirierendes Vorbild hervorgehoben worden.

Herbert Felix war ein dynamischer und innovativer Unternehmensführer mit modernen Marketingideen. Nach dem Krieg erhielt er auch Schützenhilfe von der allgemeinen Wohlstandssteigerung und Modernisierung, die zu einer immer größeren Nachfrage an zeitsparenden Fertig- und Halbfertigprodukten führten.

Herbert Felix selbst war davon überzeugt, dass seine Erfolge eine besondere Verantwortung mit sich brachten. Er erklärte, er wolle „ein Repräsentant" sein „für die vielen, die ungefähr dieselben Erfahrungen durchlebten und die hier in Schweden die Gastfreundschaft dadurch vergelten wollten, etwas aufzubauen".

Als Herbert Felix nach Schweden floh, waren die Grenzen beinahe geschlossen. Schwedens Einwanderungspolitik war von den rassenbiologischen Irrwegen der Zeit geprägt und an deutsche Forderungen angepasst. Ohne die Ehe mit Kerstin Cruickshank wäre er womöglich nicht ins Land gelassen worden. Doch nach dem Zweiten Weltkrieg begann das alte Auswandererland Schweden, sich in ein Einwanderungsland zu verwandeln, was man in Eslöv bemerkte, wo Herbert Felix die Fabrikstore für Europa offenhielt.

Der Essig

„Er beherrschte die Kunst, Gurken einzulegen."

Außer für Gurken ist Znaim, Herbert Felix' Geburtsstadt in Mähren, bekannt für Krieg und Frieden und durch den Roman *Krieg und Frieden* von Leo Tolstoi.

Es war bei Znaim, neunzig Kilometer nördlich von Wien, wo Erzherzog Karl und seine Truppen 1809, nach der vernichtenden österreichischen Niederlage von Wagram, französischen Kräften einen letzten Widerstand entgegensetzten. Doch Karl erkannte die Hoffnungslosigkeit der Lage und einigte sich mit Napoleon auf einen Waffenstillstand, der später im selben Jahr zum Frieden von Schönbrunn führte.

Ebenfalls im Zusammenhang mit Napoleon hinterließ Znaim Spuren in der Weltliteratur. Die Stadt erscheint, wenn auch bloß als Nebenschauplatz, in einer Szene in Leo Tolstois *Krieg und Frieden*, in der der legendäre russische Feldherr Kutusow mit List versucht, die Franzosen daran zu hindern, als Erste nach Znaim zu gelangen, das auf seinem Rückzugsweg liegt.

Die Gurken kamen im 16. Jahrhundert nach Mähren. Es war ein Mönch, der das exotische Gemüse aus Asien mitbrachte, wo Gurken schon jahrtausendelang angebaut worden waren, vor allem in Indien und China. In Mähren pflanzte man Gurken zunächst zu medizinischen Zwecken, denn nach weit verbreiteter Ansicht wirkten sie als Heilmittel gegen die Pest. Erst nach 300 Jahren sollten Znaimer Gurken größere kommerzielle Bedeutung erhalten. Mitte des 19. Jahrhunderts wurden die südmährischen Weinbaugebiete vom Schädlingsbefall schwer getroffen und die Gurke als Ersatz angepflanzt.

In Mähren siedelte sich im 17. Jahrhundert eine jüdische Familie aus Frankreich an, die den Namen Felix trug, identisch mit dem lateinischen Wort für

„fröhlich" oder „glücklich". Das erste Dokument, das den Namen Felix erwähnt, ist ein adeliger Empfehlungsbrief aus dem Jahre 1694. Aus dem Brief geht hervor, dass sich die Familie in der südmährischen Stadt Trebitsch niedergelassen hatte. Die Männer waren Ärzte und dienten unter anderem als Feldschere, die verwundete Soldaten versorgten.

Die Medizin war in einem vom Antisemitismus durchdrungenen Reich das einzige Berufsfeld, das den Juden völlig offenstand. Im 14. Jahrhundert, als der Schwarze Tod sich die Donau hinaufarbeitete, wurden die Juden zu Sündenböcken und waren von blutigen Pogromen betroffen. Im 17. Jahrhundert wurden alle Juden aus Wien vertrieben, da die Kaiserin sie beschuldigte, hinter ihrer Fehlgeburt zu stecken. Ein diskriminierendes Gesetz folgte auf das andere. Die Juden wurden gezwungen, im Ghetto zu leben, sie mussten besondere Steuern zahlen und es war ihnen verboten, sich mit Christen zu verheiraten. Manche dieser Gesetze waren dunkle Omen. Karl V. von Habsburg, Kaiser des Heiligen Römischen Reiches von 1530 bis 1556, war der Erste, der den Juden befahl, gelbe Stoffabzeichen zu tragen.

Gegen Ende des 18. Jahrhunderts begann sich der Druck durch das Toleranzedikt Josephs II. von 1781 abzuschwächen. Die Diskriminierung hörte nicht auf – Wiens Ghetto bestand bis 1848 – und Kaiser Josephs Motiv war schwerlich idealistisch: Die Juden sollten, wie er es selbst ausdrückte, „nützlicher für den Staat" gemacht werden. Dafür wurde ihnen gestattet, ihre Kinder in die Schule zu schicken sowie Industrie, Banken und Handelsunternehmen zu betreiben.

Die Erleichterungen kamen für die Familie Felix zur rechten Zeit. Irgendwann im frühen 19. Jahrhundert wurde Salomon Felix, nachdem er von seinem Dienst als Militärarzt nach Trebitsch heimgekehrt war, von Lähmungen in Beinen und Händen getroffen. Er konnte keine Patienten mehr behandeln und setzte stattdessen auf die Branntweinherstellung.

Dieser berufliche Spurwechsel von der Heilkunst zu Spirituosen mag merkwürdig erscheinen, doch Salomon tat nicht mehr, als die lokalen Voraussetzungen auszunützen. Das südliche Mähren war ein Weinbaugebiet, in dem auch Zwetschgen, Marillen, Äpfel und Pfirsiche angepflanzt wurden –

Früchte, die bestens verwendbar waren für die Produktion von aromatisierten Schnäpsen und Likör.

Gegen Ende des 18. Jahrhunderts wurde eine Reihe ökonomischer Reformen durchgeführt, unter anderem die Abschaffung der Zunftprivilegien, die Verringerung der Staatssubventionen und die Errichtung einer österreichischen Zollunion. Salomon Felix wollte durch die Gründung einer kleinen Fabrik nach Möglichkeit auch seinen Vorteil daraus ziehen. Um das Jahr 1800 war Mähren auf einem guten Weg, sich zu einem wirtschaftlichen Zentrum zu entwickeln.

Doch Salomon war Jude und so war seine Tätigkeit trotz der Reformen durch Begrenzungen und Regulierungen eingeschränkt. Am Beginn seiner Produktiontätigkeit scheint er in dieser Hinsicht große Schwierigkeiten gehabt zu haben. Er wandte sich 1842 mit einem untertänigen Ansuchen an den Kaiser, in dem er um die Anstellung von christlichen Arbeitskräften bat. Das Feuer unter dem Branntweinkessel durfte niemals erlöschen und daher konnte Salomon sich nicht ausschließlich auf Juden verlassen, welche Rücksicht auf den Sabbat zu nehmen hatten. Es ist nicht überliefert, ob sein Ansuchen bewilligt wurde.

Nach den Umstürzen des Revolutionsjahres 1848 verbesserte sich die Situation der Juden erneut. Durch eine Verfassungsreform 1867, die nach der demütigenden Niederlage gegen Preußen bei Königgrätz die Österreichisch-Ungarische Doppelmonarchie schuf, wurden die letzten Reste gesetzlicher Unterscheidungen zwischen Juden und Christen abgeschafft. Überall in der Monarchie konnten Juden ihre beruflichen Ziele verwirklichen. Das späte 19. Jahrhundert kann als eine Art goldenes Zeitalter jüdischer Kreativität in Österreich betrachtet werden. Gustav Mahler wurde Direktor der Wiener Hofoper und komponierte großangelegte Symphonien, Sigmund Freud begann, die Psychoanalyse zu entwickeln.

Doch der Antisemitismus ließ sich nicht verjagen. Er hatte tiefe Wurzeln. In Wien wetterten judenhassende Demagogen wie Georg von Schönerer zornig gegen die multiethnische Zusammensetzung der Doppelmonarchie und verbreiteten die Ansicht, dass die Österreicher nur in Verbindung mit einem starken

Deutschland sich selbst finden könnten. Beim Börsenkrach in Wien 1873 schlugen die Sündenbockreflexe zu und die Juden wurden als Schuldige ausgemacht. Genau in diesem Zeitraum entschied Moritz Felix, Herbert Felix' Großvater, dass Likör und Branntwein nicht genug waren. Moritz, so unternehmerisch wie selbstbewusst, begnügte sich außerdem nicht mehr mit der Kleinstadt Trebitsch. Er eröffnete 1868 eine Filiale im nahegelegenen Znaim, wo er begann, Gemüse in Essig einzulegen, unter anderem Gurken.

Eigentlich war es kein großer Schritt. Essig wird aus Alkohol hergestellt und war seit Jahrhunderten zur Konservierung von Lebensmitteln in Gebrauch. Moritz Felix war erfolgreich: Die Gurken von LÖW & FELIX in Znaim wurden im Habsburgerreich und nach dem Zusammenbruch Österreich-Ungarns in der Tschechoslowakei bekannt. Die Herstellung starker Getränke geriet mehr und mehr in den Hintergrund und die Konserven von Znaim – mit einer glücklichen Katze als Logo – sollten den Kern des Familienkonzerns ausmachen.

Moritz hatte 16 Kinder. Die Fabrik wurde vom 1881 geborenen Sohn Friedrich, Fritz genannt, übernommen. Die jüngste Tochter Irene heiratete 1909 den um acht Jahre älteren Wiener Max Kreisky. 1911 bekamen sie einen Sohn, dem sie den Namen Bruno gaben und der im Erwachsenenalter einer der führenden Politiker Europas werden sollte: Bruno Kreisky war von 1970 bis 1983 sozialdemokratischer Bundeskanzler von Österreich.

Die Fabrik in Znaim sollte vom Vater an den Sohn vererbt werden, Generation um Generation. So war es jedenfalls gedacht.

In einem Interview in den Fünfzigerjahren erzählte Herbert Felix, Fritz' ältester Sohn, wie er sich in seiner Jugend vorgestellt hatte, dass „mein Sohn und mein Enkelsohn und ihre Nachkommen denselben Weg fortsetzen sollten bis zum Jüngsten Tag".

Die Mächte der Weltgeschichte wollten es anders. Der Jüngste Tag jedoch fiel bereits auf den 30. September 1938: das Münchner Abkommen.

In den 1860er-Jahren, zur selben Zeit als Herbert Felix' Großvater Moritz die Konservenherstellung im österreichischen Znaim aufzubauen begann, gab ein Theologiestudent im schwedischen Lund seine Pläne auf, Pfarrer zu werden. Stattdessen fing Per Håkansson, geboren 1842 in Brostorp am Linderödhorst, an, Mathematik, Physik und Chemie zu studieren. Er promovierte 1873 in organischer Chemie mit einer Abhandlung, die den Titel *Über Toluoldisulfatsäuren und einige von deren Derivate* trug.

Im Jahr darauf ließ er sich in Eslöv, einer um eine Eisenbahnstation gewachsenen Gemeinde in der Provinz Skåne, nieder. Dieses zuerst in mittelalterlichen Urkunden als Haeslef erwähnte Dorf erlebte einen kräftigen Aufschwung durch die Südliche Stammbahn. Deren erste Etappe Malmö – Lund wurde 1856 fertiggestellt und ein paar Jahre darauf stellte eine Untersuchung im Zuge des Ausbaus des Eisenbahnnetzes nach Örtofta und Höör fest, dass Eslöv, eben gelegen auf billigem Weideland und Torfboden, der geeignetste Ort für eine neue Station sei. Eslöv wurde auch ein Knotenpunkt für die Linien von den Küstenstädten Helsingborg, Landskrona und Ystad und da diese Linien durch fruchtbare Gebiete führten, entwickelte sich der Ort zu einem Zentrum für den Handel mit Agrarprodukten. Die Bevölkerung vervierfachte sich in ein paar Jahrzehnten und 1911 erhielt Eslöv das Stadtrecht.

Auf einer Studienreise in Deutschland lernte Per Håkansson effiziente und industrielle Methoden kennen, die ihn dazu inspirierten, sein Geld mit der Herstellung und dem Verkauf von Essig zu verdienen. Er entschied, sich in Eslöv niederzulassen: In der Umgebung gab es reichlich Kartoffeln, Getreide und Brennereien, die Eisenbahn erleichterte den Transport und Lund war ganz in der Nähe, um sich Rat und Hilfe von Freunden an der dortigen Universität zu holen.

In Eslöv begann Håkansson den Branntweinessig *Aroma* zu produzieren, doch die Konkurrenz war hart, allen voran wegen des billigeren Holzessigs, und er musste sein Angebot erweitern. Durch einen bloßen Zufall fand er, was er suchte.

Håkansson beschäftigte einen Buchhalter namens Nils Edvard Nilsson, der an so schwerer Lungentuberkulose litt, dass er kaum noch arbeiten konnte. Als er begann, in der Fabrik zu übernachten, deren Luft mit den Gasen des

Essigs gesättigt war, verbesserte sich sein Zustand merkbar und nach einigen Jahren war er wieder ganz bei Kräften.

Per Håkansson dachte, ein Heilmittel gegen die Lungentuberkulose entdeckt zu haben und entwickelte nun eine Behandlung. Menschen, die an der Krankheit litten, durften sich mehrere Stunden am Tag in der Fabrik aufhalten. Nach einer Weile linderten sich deren Hustenanfälle, sie gewannen ihren Appetit zurück und nahmen an Gewicht zu. Håkansson konstruierte sogar einen Inhalator für zuhause.

Die Annahme, dass der Essig von der Lungentuberkulose kurieren könnte, erwies sich als Irrtum, wirksame Medikamente wurden erst in den Vierzigerjahren des 20. Jahrhunderts entwickelt. Doch das Experiment führte zu einem antiseptischen, essigbasierten Präparat zur äußeren Anwendung, das mit großem Erfolg 1893 unter dem Namen *Salubrin* auf den Markt kam.

Per Håkansson starb im Jahre 1918, ohne Erben hinterlassen zu haben. Er hatte philanthropisch gesinnt sein Vermögen einer Stiftung vermacht, die 1919 für den Fabriksbetrieb die Aktiengesellschaft AB P Håkansson gründete, deren Gewinn an die Stiftung ging. Ihre Mittel sollten teils zur Unterstützung der medizinischen Forschung, teils für den Bau eines Pflegeheims verwendet werden.

Zwanzig Jahre später rettete die Salubrinfabrik Herbert Felix und das Fachwissen seiner Familie. Da entschied sich die Firmenleitung, den überschüssigen Essig der Fabrik für die Konservenproduktion zu verwenden. Das Übereinkommen der beiden Unternehmen wird in einer Werbebroschüre von 1945 beschrieben: „Felix und AB P Håkansson fanden einander sofort. Er beherrschte die Kunst, Gurken einzulegen und die Firma stellte den herausragendsten Essig her, den er jemals verwendet hatte."

Die frühen Jahre

„Plötzlich, eines Tages, waren wir keine Österreicher mehr. Wir waren Tschechen!"

Im September 1907 heiratete Fritz Felix Ida Lewith aus Wien. Ihr erster Sohn
Herbert wurde am 9. Juli des folgenden Jahres in Znaim geboren.

Fritz und Ida Felix mieteten eine Wohnung in einem stattlichen Haus in der
Wienerstraße 14 ganz in der Nähe der Fabrik und nicht weit entfernt von
der Eisenbahn nach Wien. Das Gebäude war im Besitz einer katholischen
Familie mit vier Kindern, den Buchbergers, und Vater Alois Buchberger betrieb eine Lederfabrik. Im November 1909 bekam Herbert einen kleinen Bruder, Willi.

Die Familie Felix gehörte, genau wie die Familie Buchberger, zu Znaims
deutschsprachiger Elite, einem großbürgerlichen und kultivierten Milieu.
Klavierstunden waren geradezu eine Selbstverständlichkeit und Herbert bewies musikalisches Talent. Er blieb sein Leben lang ein ziemlich gewandter
Pianist für den Heimbedarf mit einer besonderen Vorliebe für das Repertoire
der Wiener Klassik.

Fritz und Ida Felix identifizierten sich stark mit Österreich und der habsburgischen Monarchie. In der Wohnung in der Wienerstraße hing ein Bild des
verehrten Franz Joseph an der Wand, der nun bereits seit einer Ewigkeit Kaiser zu sein schien. Er regierte von 1848 bis 1916.

Alois Buchberger und seine Gattin Paula hatten einen Sohn und drei Töchter.
Der Sohn Fritz war genau ein Jahr älter als Herbert: Er war am 9. Juli 1907
geboren worden. Herbert und Fritz wurden Spielkameraden und gingen beim
jeweils anderen ein und aus. Die Freundschaft, die noch unter den krassesten
Umständen Bestand haben sollte, wurde stärker, als Herbert, der eine besondere Lernbegabung hatte, das fünfte Schuljahr überspringen durfte und in
dieselbe Klasse wie Fritz kam.

Viel später erzählte Fritz Buchberger seinem Sohn Christian von seiner Kindheitszeit in Znaim und dessen Eindruck war der „eines merkwürdigen Milieus, autoritär und wild zugleich". Christian Buchberger erinnerte sich insbesondere an die Erläuterung eines bestimmten Zwischenfalls mit Herbert. Den Buben war ein Gewehr in die Hände gekommen und nun veranstalteten sie ein Zielschießen auf die Tauben am Hausdach: „Die Burschen wurden ausgeschimpft, aber nicht, weil sie eine Waffe benutzt und auf ein Haus geschossen hatten und nicht, weil sie eine Menge Tiere bloß zum Spaß getötet hatten. Sie wurden ausgeschimpft, weil sie nicht daran gedacht hatten, dass die toten Vögel die Dachrinne verstopften."

Geburtshaus von Herbert Felix, Wienerstraße 14, Znaim

Als Herbert zehn war und Fritz elf, veränderte sich ihr Leben in Znaim. In einem Interview 1988, drei Jahre vor seinem Hinscheiden, blickte Fritz Buchberger zurück auf den Herbst 1918: „Zum Glück hatte der Krieg selbst uns nicht nennenswert berührt, doch der Versailler Friedensvertrag betraf uns umso mehr. Plötzlich waren wir eines Tages keine Österreicher mehr. Wir waren Tschechen! Dreieinhalb Millionen Deutschsprachige [...] hatten, ohne überhaupt bei den Friedensverhandlungen vertreten gewesen zu sein, eine andere Nationalität bekommen in einem neugebildeten Land, der Tschechoslowakei." Die Bewohner Znaims waren machtlose Schachfiguren geworden im Spiel der großen Politik, das ablief, während Deutschland und Österreich-Ungarn ihre letzten Kräfte in den Schützengräben des Ersten Weltkriegs verbrauchten.

Als Österreich-Ungarn kollabierte, konnte Tomáš Masaryk seinen Traum verwirklichen, auf den Trümmern des Habsburgerreiches eine neue, demokratische Republik für Tschechen und Slowaken, zwei teils benachteiligte Volkgruppen in der germanisch-magyarisch dominierten Doppelmonarchie, zu gründen. Während des Krieges war Masaryk, ein Philosophieprofessor mit mährischen und slowakischen Wurzeln, in Westeuropa, Russland und den USA umhergereist und hatte Anerkennung für die Sache gewonnen, die er propagierte. Besonderen Eindruck hinterließ er in den USA, die 1917 in den Krieg eingetreten waren. Masaryk, der mit einer Amerikanerin verheiratet war, verhandelte mit Präsident Wilson und Außenminister Robert Lansing. Autonomie für die Völker Österreich-Ungarns zu erreichen, war im Jänner 1918 einer der berühmten vierzehn Punkte Wilsons. Danach ging es schnell: Im Juni wurde die Tschechoslowakei als alliierter Staat anerkannt, im Oktober wurde die Selbstständigkeit der neuen Nation proklamiert und im November, ein paar Wochen nach dem Waffenstillstand mit Österreich-Ungarn, wurde Masaryk zum Präsidenten gewählt.
Dass die Entente Masaryk so wohlwollend begegnete, beruhte zum Teil auf den Leistungen der sogenannten Legion in Russland nach der Oktoberrevolution 1917. Die Legion bestand aus tschechischen Kriegsgefangenen, die in Russland feststeckten, als Lenin mit Deutschland und Österreich-Ungarn im März 1918 den Frieden von Brest-Litowsk schloss.
Masaryk erwirkte die Zustimmung der Russen für einen Einsatz der Legion an der Westfront, doch um dorthin zu kommen, musste sie zunächst mit der

Transsibirischen Eisenbahn nach Wladiwostok gelangen, um anschließend auf Schiffen nach Frankreich transportiert zu werden. Auf ihrem Weg nach Wladiwostok stießen die Tschechen mit Roten Truppen zusammen. Gegen Ende des Sommers kontrollierte die Legion große Teile der strategisch wichtigen Bahnlinie, womit die in Russland intervenierenden Verbände der Alliierten entlastet wurden. Die tschechoslowakische Unabhängigkeitsbewegung versäumte nicht, diese Schuld in London, Paris und Washington einzufordern.

Eine andere Erklärung für die Erfolge Masaryks war, dass die Westalliierten, allen voran Frankreich, die Absicht hatten, eine Pufferzone, den cordon sanitaire, gegen Russland zu begründen. Edvard Beneš, enger Mitarbeiter Masaryks und Haupt der tschechoslowakischen Delegation in Versailles, setzte auf Paris' und Londons Ängste vor revolutionärer Ansteckung. Beneš, der Masaryk als Präsident nachfolgen sollte, versicherte den Franzosen, dass die Tschechoslowakei bereit war, die Bolschewisten zu „stoppen" und versprach den Briten „eine Barriere zwischen Deutschland und dem Osten".

Die Errichtung des neuen Staates geschah keineswegs vollkommen friedlich und undramatisch während jener chaotischen Monate unmittelbar nach dem Kriegsende. Die Ausrufung der tschechoslowakischen Unabhängigkeit beantworteten böhmische Abgeordnete zum Wiener Reichsrat mit der Proklamation selbstständiger Provinzen in den deutschsprachigen Gebieten von Böhmen und Mähren. Es begannen Verhandlungen, die jedoch bald zusammenbrachen, und die tschechoslowakische Regierung entschied sich für die Besetzung der abtrünnigen Provinzen. Znaim wurde am 16. Dezember 1918 eingenommen und zu Jahresbeginn 1919 waren die Länder der böhmischen Krone vollständig Teil der Tschechoslowakei, wenn auch die Unruhen eine Weile fortdauerten. Bei einer Demonstration in Brüx (tschech. Most) im März 1919 wurden vierzig Deutsche getötet.

„Aber Herbert und ich waren nur Kinder. Das Leben ging weiter", konstatierte Fritz Buchberger.

In den Pariser Vorortverträgen wurden die Grundlagen für die Nachkriegsordnung festgelegt, mochte diese auch nicht von Dauer sein. Der Frieden zwischen Österreich und den Siegermächten wurde in Saint-Germain am 10. September 1919 geschlossen. Bei den Reparationszahlungen kam Österreich etwas besser davon als Deutschland, doch territorial war der Friede eine Katastrophe für das frühere Imperium. Österreich sank zu einem mitteleuropäischen Kleinstaat herab, die Vereinigung mit Deutschland wurde ihm verboten. Deutschsprachige Gebiete fielen nicht nur an die Tschechoslowakei, sondern auch an Italien.

Nach der Festlegung der tschechoslowakischen Grenzen in Trianon und Spa 1920 bestand der neue Staat aus Böhmen und Mähren samt Teschen, der Slowakei und „Karpatenrussland". Die letzteren beiden Gebiete hatten zu Ungarn gehört. Die Bevölkerung setzte sich aus sieben Millionen Tschechen, etwa drei Millionen Deutschen, zwei Millionen Slowaken, annähernd einer Million Magyaren und dazu kleineren Gruppen von Russen, Ruthenern, Ukrainern und Polen zusammen. Die Tschechen machten also bloß wenig mehr als 50 Prozent der Einwohner aus, doch da Tschechen und Slowaken als ein einziges Volk definiert wurden, besaßen sie gemeinsam eine beherrschende Stellung.

Die Tschechoslowakei war mithin ein ethnisches Mosaik mit von vornherein eingebauten Spannungen, die schließlich fatale Folgen haben sollten. Die Deutschen in Böhmen und Mähren, konzentriert auf die Grenzgebiete, die als Sudetenland in die Geschichte eingingen, hegten den Wunsch nach einer Eingliederung in Deutschland, die Magyaren in der Slowakei hätten Ungarn als Heimatland vorgezogen, die Polen in Teschen wollten dem wiedererrichteten polnischen Staat angehören.

Doch Masaryk und Beneš mussten auch von wirtschaftlichen und sicherheitspolitischen Realitäten ausgehen, als sie den neuen Staat konstruierten. Böhmen und Mähren waren wohlhabend und industriell entwickelt. In Böhmen gab es die Škodawerke mit ihrer Waffen- und Automobilproduktion, in Mähren die Schuhfabrik Bata und die Berge im Grenzland boten Schutz gegen Angreifer.

Die Grenze zu Österreich wurde in der Nähe Znaims gezogen, einer konfessionell und sprachlich zersplitterten Stadt. Die religiösen Unterschiede verursachten selten Probleme: Protestanten, Katholiken und Juden ließen einander zumeist in Ruhe. Doch die Auseinandersetzungen zwischen Deutsch- und Tschechischsprachigen waren hart und beruhten auf dem uralten Konflikt von Germanen und Slawen. Die Kriegsteilnahme Österreich-Ungarns auf Seiten Deutschlands war von den Tschechen sehr missbilligend aufgenommen worden und die Gegensätze nahmen nach dem Krieg weiter zu, als die alte deutschsprachige Elite sich in den neugebildeten Staat einordnen und neue Namen lernen musste: Aus Znaim wurde Znojmo, aus Trebitsch Třebíč, aus Brünn Brno.

Herbert Felix beschrieb das Leben in Znojmo in einem der seltenen Zeitungsinterviews, in denen er genauer von seinem persönlichen Hintergrund erzählte: „In unserer kleinen Heimatstadt war alles von sicherer Bürgerlichkeit durchdrungen. Man wusste ungefähr, wen man in zehn Jahren heiraten würde, und wo man sein Grab haben sollte, war von Geburt an bestimmt."

Schon früh hatte Herbert Felix eine Neigung für das Wandern und Klettern in den Bergen gefasst. Er war brav in der Schule, wie aus den Zeugnissen des Znaimer Gymnasiums hervorgeht. In Fächern wie Geschichte, Geografie und Chemie pflegte er die Note Sehr gut zu erhalten. Tüchtig war er auch im Sprachenlernen, hatte aber offenbar Schwierigkeiten, sich mit dem aufgezwungenen Tschechischen abzufinden, in welchem seine Kenntnisse in den ersten Mittelschuljahren bloß mit Genügend beurteilt wurden. Kein unentschuldigtes Fehlen wurde verzeichnet.

Physische Robustheit und intellektuelle Begabung in Verbindung mit der Sicherheit im gesellschaftlichen Umgang, die aus den wohlhabenden Familienverhältnissen folgte, machten ihn zu einer geborenen Leitfigur. Er zeichnete sich als ein junger Mann aus, der wusste, wie er sich selbst und seine Ideen zu vermarkten hatte.

Der Antisemitismus war in der Tschechoslowakei stark präsent, auch wenn Masaryk und Beneš sich zu progressiven und toleranten Idealen bekannten. Masaryk hatte 1899 seine akademische Karriere riskiert, indem er sich in einem Prozess engagierte, in dem Juden wegen Ritualmordes angeklagt waren. Es gelang ihm, ihre Unschuld zu beweisen.

Ein früher und einflussreicher tschechischer Nationalist, Jan Neruda, Schriftsteller des 19. Jahrhunderts, war der Ansicht: „Wer Tscheche sein will, muss aufhören, Jude zu sein." Später sollte das Autorendasein Franz Kafkas von der Ausgrenzung der Juden in Prag, der Hauptstadt der Tschechoslowakei, geprägt sein. Während eines Aufruhrs 1920, als jüdisches Eigentum angegriffen wurde und Prags altes Ghettoviertel unter den Schutz der amerikanischen Botschaft gestellt werden musste, schrieb Kafka seiner Übersetzerin und damaligen Geliebten Milena Jesenská: „Ich habe die Nachmittage auf den Straßen zugebracht, badend im antisemitischen Hass […] Ist es nicht natürlich, einen Ort zu verlassen, an dem man so sehr gehasst wird?"

Herbert Felix scheint trotz der Vorurteile und Konflikte der Zeit ziemlich sorgenfrei aufgewachsen zu sein. Sicherlich half ihm seine Veranlagung. Die männlichen Mitglieder der Familie Felix waren „meist Bonvivants", sagt Bruno Kreisky.

Herbert pflegte Umgang mit nicht-jüdischen Kameraden und passte in einer Hinsicht in das germanische Stereotyp: Er war blond. Doch antisemitische Denkweisen machten sich bemerkbar, sogar in freundschaftlichen Zusammenhängen, erzählt Caroline Ditleff-Buchberger: „Bei Buchbergers nannten sie Herbert ihren ‚Hausjuden'. Allerdings war das scherzhaft gemeint und Herbert und Fritz machten Witze darüber."

Während seiner Jugendjahre in Znaim war Herbert Felix Jude, Österreicher und Tscheche. Er gehörte zur Oberschicht und zugleich zu einer verachteten Minderheit. Vielleicht war es diese zersplitterte Identität, die das soziale und kulturelle Anpassungsvermögen begründete, das er später in Schweden an den Tag legen sollte. Er konnte am Abend ein Dinner mit Professoren und Direktoren zum Strahlen bringen und das Neueste aus Kunst und Literatur kommentieren, um dann am nächsten Tag bei schnapshaltigem Kaffee am Küchentisch eines Bauern aus der Gegend über Gurken zu diskutieren. In welcher Gesellschaft er sich auch befand, „er drückte einfach auf den Knopf und der Charme war da".

Von Anfang an war es geplant, dass Herbert die Firma der Familie übernehmen sollte. Eine gute Ausbildung gehörte zu den Vorbereitungen: Er wurde an die Hochschule für Welthandel in Wien geschickt. Alois Buchberger war anderer Ansicht, erinnert sich sein Sohn Fritz: „Mein Papa meinte, jetzt wo wir Tschechen geworden sind, soll Fritz in Prag studieren."

Wirtschaftliches und soziales Elend griff um sich im Österreich der Zwischenkriegszeit, dem „armen Mann an der Donau". Es war eine Folge der Niederlage im Weltkrieg und der territorialen und industriellen Verluste. Die Tschechoslowakei war ein deutlich reicheres Land mit wohlfahrtsstaatlichen Ambitionen.

Dennoch war es eine natürliche Wahl für Herbert Felix' Ausbildungsort. Die emotionalen Verbindungen zu Österreich, dem alten Heimatland, waren stark und sollten bei ihm sein Leben lang fortbestehen. Die Familie besaß ein Haus in Wien und da Ida, Herberts Mutter, in der österreichischen Hauptstadt geboren worden war, gab es dort eine Menge Verwandte und Freunde. Nichts deutet darauf hin, dass die Familie Felix den Antisemitismus sonderlich ernstnahm, der in Wien tiefer verwurzelt war als im kleinen Znaim. Politisch wurde Wien in den 1920er-Jahren von der Linken dominiert, doch der Judenhass war stark, besonders in der Ober- und Mittelschicht.

Herbert schloss das Studium 1929 ab und durfte sich Diplomkaufmann nennen. Danach wartete eine patriotische Verpflichtung in Gestalt des tschechischen Wehrdienstes auf ihn. Herbert, in seiner Seele stets Österreicher, war mäßig angetan. Doch wie es einem jungen Mann aus dem Großbürgertum anstand, suchte er um die Offiziersausbildung an. Er durchlief die Akademie in Mährisch Weißkirchen (tschech. Hranice) 1929 bis 1930 und wurde Leutnant der Artillerie.

Nach Abschluss von Studium und Wehrdienst war es Zeit für ihn, in die Firma einzutreten und die Konservenbranche wirklich kennenzulernen. Er hatte kaum eine Wahl. Vom ältesten Sohn wurde erwartet, das Familienunternehmen weiterzuführen, und sein jüngerer Bruder Willi hatte kein Interesse am Geschäftsleben.

Willi Felix hatte Znaim als Siebzehnjähriger verlassen, um in Wien Medizin zu studieren. Im Unterschied zum eher direkten und praktisch orientierten Herbert war er ein Suchender, der parallel noch Philosophie studierte. Willi

Name: F e l i x, Herbert

derzeitige Adresse: XVIII. Hof stattsasse 2/5

Geburtsort und Datum: Znaim, 9.Juli 1908

Name und Wohnort des Vaters: Fritz, Kaufmann, Znaim

Staatsbürgerschaft: Tschechoslowakisch   Heimatszuständigkeit: Znaim

Religion: mosaisch   Muttersprache: deutsch

Vorbildung: Realschule, Znaim

Studienjahr		Semester		Studiengeldermäßigungen
W.S.	1926/27	I.	anrechenbares Semester	Inl.Geb.1309/26
S.S.	1927	II.	anrechenbares Semester	ditto
W.S.	1927/28	III.	anrechenbares Semester	Jul.Geb. 1189/27
S.S.	1928	IV.	anrechenbares Semester	detto
W.S.	1928/29	V.	anrechenbares Semester	" " u.U. 1095/28
S.S.	1929	VI.		" " " "

Fachprüfung

I. Fachgruppe	II. Fachgruppe	III. Fachgruppe
18.4.27 bestanden einstimmig	24.12.27 bestanden mit Auszeichnung aus Volkswirtschaft	13.10.29 bestanden Engl.

Zeugnis ausgestellt am:

Hat die Einzelprüfung aus:		
im Warengeschäft	Bestanden	Oct.28
im Bankwesen		
im Transportgesch.		
Wirtschaftspolitik	bestanden	Juni
Privatrechtslehre	best. m. Ausz.	1928
Wirtsch. Länderkunde	bestanden	Juni 1928
Welthandelslehre	best. m. Ausz.	Okt. 28
Technologie	bestanden	Juni
Engl. Sprache	bestanden	1928
Franz. Sprache		
Ital. Sprache	bestanden	Juni 1928
Russ. Sprache		
Span. Sprache		

Diplomprüfung	Diplomprüfung am 1.7...10.29 mit sehr gut Erfolg, 1. Ausz. aus Privatrechtsl. Technologie Englisch (Auszt. Engl.)	Diplom ausgefertigt am 18./10.29

Auszüge aus dem Studienbuch von Herbert Felix

gab den jüdischen Glauben zugunsten des Katholizismus auf und wurde mit der Zeit tief religiös.

Hätte Herbert Felix selbst entscheiden dürfen, so hätte er eine ganz andere Laufbahn eingeschlagen als jene des Konservenfabrikanten. Er war naturinteressiert und wollte Jäger werden. Die Familie verfügte über Jagdgründe und eine Jagdhütte, wohin sich Herbert bei jeder sich bietenden Gelegenheit begab. Er hoffte auch, wie er viel später erzählte, dass er „im Alter von 25 Jahren einen Haufen Kinder haben würde, der Größe nach aufgestellt wie Orgelpfeifen." Diese Hoffnung trug dazu bei, die Frage nach seiner Zukunft definitiv zu beantworten: „Mein Traum, Jäger zu werden, anstatt in der Fabrik meines Vaters anzufangen, wurde rasch und wirkungsvoll zerschlagen, als Vater darauf hinwies, dass es mit einem solchen Beruf nicht sicher war, dass ich mir in jungen Jahren eine große Familie leisten konnte. Also entschied ich mich für die Fabrik."

Das Verhältnis zwischen Herbert und seinem Vater Fritz war angespannt und immer wieder irritierend. Das beruhte nicht bloß darauf, dass Herbert lieber mit etwas anderem als Gurken gearbeitet hätte. Fritz wollte so lange wie möglich alles so bleiben lassen, wie es immer gewesen war: „Es war gut genug für meinen Vater, es sollte gut genug sein für mich." Gut genug für Herbert, der eigentlich den Betrieb erneuern und modernisieren wollte. Es bestand nie ein Zweifel darüber, wer die Entscheidungen traf. Herbert hatte nicht einmal einen eigenen Schreibtisch im Büro der Fabrik. Seine Begeisterung wurde außerdem von einer unglücklichen Liebesgeschichte gedämpft. Während der Studienzeit in Wien hatte er sich mit einer Frau namens Wiega verlobt, die ihn verlassen hatte. Herberts eigener Aussage nach glaubte sie nicht, dass er „gut genug für sie war".

Mit dem Untergang der Doppelmonarchie wurde der Heimatmarkt für die Produkte von LÖW & FELIX wesentlich kleiner. Früher hatte das Unternehmen Zugang zu einem großen habsburgischen Freihandelsraum an der Donau, der jetzt plötzlich zur Tschechoslowakei geschrumpft war. Daher stellte sich die Tätigkeit der Firma mehr und mehr auf den Export ein. Das Bedürfnis nach neuen Märkten verstärkte sich beim Ausbruch der Weltwirtschaftskrise nach dem New Yorker Börsenkrach 1929. In der Tschechoslowakei wurden die böhmischen und mährischen Industrieregionen besonders hart von der Depression getroffen. Diese Notlage unterstützte die militanten und deutschnationalen Stimmungen, die bald von Adolf Hitler und dem aufkommenden Nationalsozialismus in Deutschland ausgebeutet wurden. Zwischen 1929 und 1933 stieg die Anzahl der Arbeitslosen in der Tschechoslowakei von 50 000 auf 978 000 Personen an.

Herbert Felix war sprachbegabt und bereister als der Vater. Nach dem Studium an der Hochschule für Welthandel hatte er sich eine Weile in London aufgehalten, einer Stadt, die er sein Leben lang in seinem Herzen bewahren sollte. Einem Dokument aus Herbert Felix' Zeit in der Offiziersschule ist zu entnehmen, dass er bereits damals, 1929, Reisen in die Schweiz, nach Deutschland, England, Dänemark, Frankreich, Italien, Finnland und Schweden unternommen hatte.

Folglich ließ Fritz Felix seinen Sohn sich um die Exportgeschäfte kümmern. Herbert Felix wurde ein fleißiger Besucher Schwedens, einem der wichtigsten Auslandsmärkte von LÖW & FELIX. Die Agentur der Firma, Otto Vidal & Co., lag in Göteborg und er hielt sich so oft dort auf, dass er begann, Schwedisch zu lernen. Auf einer dieser Reisen begegnete er auf erstaunlichen Wegen einer erstaunlichen Frau. Sie war fünf Jahre jünger und hieß Kerstin.

Der Schlangenbeschwörer

„Nur in Romanen habe ich noch andere getroffen, die waren wie er."

Eines Nachmittags Anfang 1932 läutete der Nachbar an der Tür der Familie Cruickshank in der Bööstraße in Göteborg. Er bat darum, mit Kerstin, einer der Töchter, sprechen zu dürfen: „Er ist hier, falls du deine Neugier stillen möchtest."

Sie wusch sich die Haare, zog ein blaues Kleid an und betrachtete sich im Spiegel. Sie sah bloß ein Mädchen ohne Erfahrung: „Meine Träume und Visionen spiegelten sich nicht in den blauen Augen und im scheuen Lächeln des Mundes. Ich wäre gerne eine spannende Persönlichkeit gewesen, als ich einen erwachsenen Mann aus Europas Mitte treffen sollte."

Ihr Herz klopfte, während sie zum Nachbarhaus hinüberging. Der Besucher stand vom Sofa auf, lächelte, küsste ihre Hand und sagte: „Herzliche Grüße von meinem Bruder soll ich ausrichten."

Das war Kerstin Cruickshanks erstes Treffen mit Herbert Felix.

Sie war im Februar 1913 geboren und als Kerstin Margareta getauft worden, wurde als Kind aber häufig Kristina oder Kristin genannt. Ihr Großvater Robert Cruickshank war aus Schottland nach Schweden ausgewandert. Der Grund dafür war, dass der Göteborger Reeder und Geschäftsmann Carl Leopold Berggren eine Keksfabrik in Kungälv eröffnen wollte. Doch in Schweden gab es weder qualifiziertes Personal noch die geeigneten Maschinen. Deswegen bat er britische Geschäftsfreunde darum, jemanden mit Fachwissen zur Keksproduktion zu suchen. Sie fanden Robert Cruickshank in Glasgow und im Juni 1888 kam er samt Frau und fünf Kindern nach Göteborg. Mit dabei waren auch drei Bäcker. Schon im Dezember desselben Jahres wurde der Betrieb in Göteborgs kexfabrik AB aufgenommen. Robert wurde Teilhaber im Unternehmen und ist, genau wie Herbert Felix, bis heute in schwedischen Küchenschränken vertreten: Es war Robert Cruickshank, der die populären *Mariekex* einführte.

Kerstin wuchs in Kungälv auf, doch als sie fünfzehn Jahre alt war, zogen ihre Eltern mit den drei Töchtern in eine Villa in Göteborg. Einige Jahre darauf starb der Vater, Frederic Cruickshank. In Göteborg wurde Kerstin auf eine private Mädchenschule geschickt, über welche sie in Kontakt mit Herberts Bruder Willi kam.

Kerstin hatte frühzeitig begonnen, sich für Literatur zu interessieren, verführt vom „gefährlichen" Roman *Lady Chatterleys Liebhaber* von D. H. Lawrence, den sie ganz heimlich las. Sie schrieb gerne und tat es auch gut, wie eine Lehrerin bemerkte. Diese schickte einen ihrer Aufsätze an eine pädagogische Zeitschrift im Ausland. Auf einer Zugreise zwischen Zürich und Wien fand der Nachbar der Familie Cruickshank ein Exemplar der Zeitschrift. Dieser Nachbar arbeitete für Otto Vidal & Co, die schwedische Agentur von LÖW & FELIX. Als er Willi in Wien traf, gab er ihm die Zeitschrift.

Kerstins Text fesselte Willi und er schrieb einen Brief voller Lob an sie. Er erzählte, dass er in einem Ordenskrankenhaus in Wien arbeiten würde und leider keine Möglichkeit hätte, Schweden zu besuchen. Doch sein Bruder, der im Familienunternehmen arbeitete, reiste häufig nach Skandinavien – könnte nicht der Bruder Kerstin treffen, wenn er in Göteborg war?

Der Brief wurde zum Auftakt der Beziehung zwischen Kerstin und Herbert, leitete aber auch eine umfassende und tief vertrauliche Korrespondenz zwischen Kerstin und Willi ein, die sich bis hin zum tragischen Ende fortsetzen sollte.

In *Min natt- och dagbok* berichtet sie vom Eindruck, den Herbert machte: „Er war so verschieden von allem, was ich mir von einem Mann aus Mitteleuropa hatte vorstellen können. Er war weizenblond wie ein echter Schwede, seine Augen indes waren nicht blau, sondern auffallend grün. Aus seinem Gesicht strahlten Manieren und Charme [...] Er bezauberte uns mit seinem schönen Lächeln."

Herbert sagte, er habe „eine Menge Fragen, auf die mein Bruder gern eine Antwort hätte". Er, Kerstin und die Herrin des Hauses saßen zusammen und redeten den ganzen Abend.

Als Kerstin gehen sollte, bot Herbert ihr seine Begleitung an und fragte sie, ob sie sich am nächsten Tag wiedersehen könnten. So kam es. Sie trafen einander in einem Café. Herbert erschien in einem schwarzen Paletot und wirkte, erinnerte sich Kerstin, „wirklich wie ein Mann von Welt. [...] Nur in Romanen habe ich noch andere getroffen, die waren wie er".

Sie saßen lange im Café. Herbert erzählte von der Fabrik in der Tschechoslowakei und von einer geplanten Reise nach Oslo, die er nicht antreten würde, wodurch sie folglich einige Tage Zeit hätten, einander kennenzulernen.

Am Abend gingen sie in Valands Restaurant. Herbert lud sie zum Essen ein. Sie tranken Wein, doch erst nachdem Kerstin zuhause angerufen und um Erlaubnis gebeten hatte. Sie beobachtete, wie er dem Personal des Restaurants begegnete: „Wie einem Schlangenbeschwörer gelang es ihm, alle zu demütigen Verbeugungen zu bringen."

Er lächelte über das ganze Gesicht, war freigiebig mit Trinkgeld und Kerstin wunderte sich im Stillen, ob er jemals bei schlechter Laune war.

Es kam zu mehreren Treffen und die junge Bekanntschaft entwickelte sich zu einer Liebesgeschichte. Am letzten Tag in Göteborg präsentierte Herbert in „geschäftsmäßiger" Weise den Vorschlag, dass sie heiraten sollten.

Kerstin war erst neunzehn Jahre alt und ging noch im letzten Jahr zur Schule. Außerdem sollte sie in ein Klosterinternat in Belgien gehen, um dort Sprachen zu lernen. Sie bat ihn, in fünf Jahren noch einmal zu fragen. Das sei ein „Versprechen", sagte sie. Herbert küsste sie zur Antwort und sagte, sie solle alle Zeit haben, die sie brauche.

In den beiden Jahren, die sie in der belgischen Klosterschule zubrachte, führte Kerstin Cruickshank einen intensiven Briefwechsel mit Willi, während die Briefe des hart arbeitenden Herbert eher sporadisch eintrafen. Das gab ihr die Möglichkeit, durch Willis Offenheit Herbert und die schwierigen Verhältnisse innerhalb der Familie Felix besser kennenzulernen.

Sie begriff, dass eine Distanz zwischen den beiden Brüdern herrschte, die nicht bloß auf dem geographischen Abstand zwischen Znaim und Wien beruhte. Herbert war der Liebling der Eltern, doch er beneidete zugleich Willi, der Studium und Beruf selbst wählen durfte und während der Studienzeit durch Herberts Arbeit für die Fabrik versorgt worden war. Zugleich war Willi um seinen älteren Bruder besorgt. In einem Brief nach dem anderen klagte Willi über das, was er als die mangelnde Tiefe seines Bruders betrachtete und über dessen ständige Konflikte mit dem Vater. Er bat Kerstin, Herbert in Richtung tieferer „Vergeistigung" zu beeinflussen.

Im Laufe dieses Briefwechsels entstand eine Verbindung zwischen Willi und Kerstin, die sie später als „platonisches Gefühl mit vibrierendem Unterton" beschreiben sollte.

Willi berichtete Kerstin von seinen fruchtlosen Versuchen, die österreichische Staatsbürgerschaft zurückzuerhalten, die er 1918 verloren hatte. Ohne sie konnte er keine unbefristete Erlaubnis erhalten, in Wien als Arzt zu praktizieren. Nach Hitlers Machtergreifung in Deutschland bemühte er sich, die besorgte Kerstin zu beruhigen. Ansonsten wurden politische Probleme in diesen frühen Briefen nur selten berührt.

Doch Sturmwinde waren aufgezogen und es begann zu ächzen im Gebälk des tschechoslowakischen Staatsbaues. Die ethnischen Gegensätze nahmen zu. Die Slowaken verlangten größere Autonomie. Eine zerbrechliche Regierungskoalition folgte auf die nächste. Die eigentliche Macht lag bei der *pětka*, einer informellen Gruppe, bestehend aus den Anführern der fünf großen Parteien. Die Kommunistische Partei, eine der stärksten in der Tschechoslowakei, wurde von der formellen wie der informellen Macht ferngehalten und lehnte die Demokratie als bürgerliche Chimäre ab. Die große Bedrohung von innen, besonders nach 1933, ging indes von den sudetendeutschen Separatisten aus. Bei den Wahlen 1935, im selben Jahr, in dem Edvard Beneš dem Landesvater Tomáš Masaryk als Präsident nachfolgte, erreichte Konrad Henleins Sudetendeutsche Partei 15,2 Prozent der Stimmen und wurde die zweitstärkste Kraft im Parlament.

Henlein war ein ehemaliger Bankbeamter und Turnlehrer aus Böhmen. Er wurde 1933 Anführer der Sudetendeutschen Heimatfront. Diese wurde im Wesentlichen zu einer Nazi-Partei umgestaltet und arbeitete als SDP (Sudetendeutsche Partei) darauf hin, die wirtschaftliche, soziale und politische Unzufriedenheit in den mehrheitlich deutschen Teilen der Tschechoslowakei zu schüren. Heimlich wurde die Partei vom deutschen Naziregime mit 15 000 Reichsmark im Monat unterstützt.

Auf dem Papier akzeptierte Henlein die Demokratie und behauptete, bloß für mehr deutsche Autonomie wirken zu wollen. Ansonsten hätte seine Partei nicht zur Wahl antreten dürfen. Doch tatsächlich waren Henlein und seine Anhänger auf nichts anderes aus, als das Sudetenland mit Deutschland zu vereinigen. Was die Nazis und Hitler zum Ziel hatten, das war seit den Anfangsjahren der nationalsozialistischen Bewegung in München nach dem Weltkrieg klar. Das Grundsatzprogramm, später von Hitler als unwiderruflich erklärt, beinhaltete als ersten Punkt die Vereinigung aller Deutschen in einem Großdeutschen Reich.

Edvard Beneš hatte früh eingesehen, dass sich die Tschechoslowakei in einer prekären Lage befand. Als Masaryks Außenminister hatte er Anfang der Zwanzigerjahre eine Verteidigungsallianz mit Jugoslawien und Rumänien ausgehandelt, die Kleine Entente. Frankreich schloss sich 1924 an. Zu Beginn war dieses Bündnissystem gegen Osten gerichtet, doch nach Hitlers Machtergreifung bedurfte die Tschechoslowakei auch einer Absicherung gegen Deutschland. Im Mai 1935 schloss sie einen wechselseitigen Beistandspakt mit der Sowjetunion. Allerdings galten dessen Verpflichtungen nur für den Fall, dass Frankreich entschied, der angegriffenen Nation beizustehen.

Das Verhältnis zu Deutschland verschlechterte sich zunehmend. In den Grenzregionen verstärkten die Anhänger Henleins ihre Provokationen, während Hitler wegen der Behandlung der deutschen Minderheit in der Tschechoslowakei schäumte.

Das war die politische Situation, als Kerstin Cruickshank ihre erste Reise zu Herbert Felix nach Znaim unternahm.

Nach Kerstins Heimkehr von der Klosterschule nach Schweden wurde der Briefwechsel zwischen ihr und Herbert wieder regelmäßiger. Kerstin hatte eine Stelle bei einer Versicherungsgesellschaft angenommen und als Herbert erfuhr, dass sie 14 Tage Urlaub haben würde, schlug er ihr vor, sie solle nach Znaim kommen.

Herbert Felix' Tagebücher aus dieser Zeit sind als Teil des Materials erhalten, das Kerstin Cruickshank im Riksarkiv deponiert hat. Sie sind geradezu pedantisch zusammengestellt und beinhalten eingefügte Fotos und einige bemerkenswerte Zeichnungen von Herberts Hand. Dass Kerstin die Tagebücher behalten hat, kann darauf beruhen, dass auch sie gelegentlich in ihnen schrieb. Es scheint, als hätten sie in dieser Weise miteinander kommuniziert. Herberts Notizen sind häufig direkt an Kerstin gerichtet und umgekehrt ebenso.

Kerstin schrieb über ihre Ankunft in Znaim: „Es war im Morgengrauen am 1. Juli, als ich die sehnsüchtig erwartete Grenze zur Tschechoslowakei überquerte. Du standest am Bahnhof, gekleidet in deine Lederhosen."

Herbert zeigte auf einen Punkt am Horizont: „Dorthin wanderten wir, zu deiner Hütte, die unser erstes Heim wurde."

Es war weit bis zur Jagdhütte, die Sonne brannte und Kerstin stöhnte. „Wenn du an meiner Seite sein willst, musst du das Wandern lernen", sagte Herbert, „es ist mein wichtigstes Interesse. Da geht man all seine Sorgen ab."

Sie verbrachten die folgenden Tage in der Hütte, einem Holzbau mit einer einfachen Veranda. Herbert nahm Kerstin mit auf die Jagd, sie allerdings hatte niemals zuvor ein Reh unter einem Schuss fallen sehen und zitterte am ganzen Körper, als Herbert das tote Tier heranschleppte. „Du bist ja leichenblass", sagte er. „Daran musst du dich gewöhnen. Die Jagd ist mein Hobby!"

Es war auch in der Jagdstube, wo Kerstin zum ersten Mal Willi Felix traf. War es eigentlich Willi, in den sie verliebt war, einen Mann, den sie bisher nie getroffen hatte? *Min natt- och dagbok* vermittelt unbestreitbar diesen Eindruck. Kerstins Schilderung der „ersten, gefühllosen Vereinigung" mit Herberts Körper auf der harten Pritsche der Jagdhütte wird dort der Spannung – „wie anfassbare Elektrizität" – entgegengestellt, wenn sie und Willi einander anblickten.

Wie genau sich die Dinge verhielten, kann man unmöglich sagen. Vielleicht handelt es sich um eine Art emotionales Konstrukt im Nachhinein. Kerstin und Herbert hatten ein Verhältnis begonnen, das durch die Verwicklungen der Epoche und auch durch die beiden selbst gewaltigen Belastungen ausgesetzt sein sollte. Das kann die Gestalt ihrer Erinnerungen beeinflusst haben, als sie mehr als fünfzig Jahre später ihr memoirenähnliches Buch schrieb. Auf jeden Fall lassen sich in den hinterlassenen Briefen und Tagebüchern keine Hinweise darauf finden, dass Kerstins Gefühle für Herbert bloß gespielt oder wegen des Drucks der Konventionen und Erwartungen aufgezwungen waren. Im Gegenteil: Die Botschaften von Kerstin an Herbert waren leidenschaftlich:

„Ich sehnte mich nach Dir in meinem leeren Bett und die Dunkelheit kroch um mich herum wie sie es niemals tut, wenn Dein Arm um mich ruht [...] Ich glaube nicht daran, dass wir einander mit der Zeit weniger und weniger oder nur noch gewohnheitsmäßig lieben könnten. Ich fühle mich heute müde und fühle das Bedürfnis, von Dir verwöhnt zu werden. Ich habe mich so sehr verliebt in deine Art, Dich um mich zu kümmern, wenn es mir schlecht geht, wenn ich müde bin [...] Du trugst mich zum Bett und zogst mich aus (,freilich nicht wie ein Franzose'), aber genau so, wie es zu Dir passt [...] Das Bett ist für mich mindestens zwei Nummern zu groß."

Als der Urlaub vorbei war, fuhr Kerstin heim nach Schweden und Herbert Felix musste die Plackerei in der Fabrik fortsetzen. In der Gurkensaison nahm er um fünf Uhr morgens die Arbeit auf und widmete sich dieser bis spät am Abend. Sie blieben brieflich in Verbindung und planten eine Wanderung entlang der Donau und Bergsteigen in den Alpen.
Willis Briefe nach Schweden wurden dagegen zunehmend sorgenvoll. Er fühlte sich unter Druck gesetzt und überlegte, auszuwandern, doch bei den Botschaften in Wien standen bereits tausende arbeitslose junge Männer Schlange. Kerstin kontaktierte die schwedischen Behörden, um festzustellen, ob er nach Schweden kommen könne. Für einen Arzt sollte wohl Platz sein. Doch sie traf auf „eine Gleichgültigkeit, die umso bemerkbarer werden sollte, je mehr sich die Probleme unserem Land näherten".
Im Frühling fuhr Kerstin nach Wien, von wo sie und Herbert sich auf eine Reise begaben, die äußerst strapaziös werden sollte. In Salzburg kauften sie

Bergsteigerstiefel und fuhren weiter zum Hochkönig, wo sie ihre Tour begannen. Aber Herbert hatte sich nicht über die Wetterlage informiert. Während eines heftigen Sturms saßen sie auf einer Berghütte fest. Frierend und durchnässt entschieden sie sich, nicht mehr weiterzumachen, sondern stattdessen nach Wien zurückzufahren. Der Abstieg war nicht ohne Risiken, doch schließlich erreichten sie das Tal.

„Ich habe gewusst, dass uns das Schicksal gnädig gewesen ist. Wir hätten unsere Leben verlieren können", schrieb Herbert danach in sein Tagebuch. Sie nahmen zuerst einen lokalen, dann einen Eilzug. In der Nähe von St. Florian entgleiste der Zug: „Der Waggon, in dem wir saßen, wurde umgeworfen. Der Boden wurde zur Decke, zusammengeknüllt, nicht wiederzuerkennen." Herbert wurde bloß leicht am Bein verletzt, doch Kerstin war sehr nahe dran, es ganz übel zu erwischen: sie erlitt einen Riss in einem Halswirbel. Ihr neuer Arbeitgeber in Göteborg, Aktiebolaget Pumpindustri, sandte einen Brief, in dem ihr ein verlängerter Urlaub gestattet wurde, um sich zu erholen.

Das Zugsunglück und der verlängerte Aufenthalt hatten immerhin den Vorteil, dass Kerstin die Möglichkeit bekam, Herberts Eltern in Znaim näher kennenzulernen. Zum ersten Mal wurde sie von Ida und Fritz Felix in die Wienerstraße eingeladen. Sie hatten die schwedische Freundin ihres Sohnes nach ihrem vorigen Besuch mit einem gewissen Argwohn betrachtet. Dass sie allein mit Herbert auf der Jagdhütte übernachtet hatte, schien ihnen ganz besonders unpassend. Doch der Unfall, der sie ihres ältesten Sohnes hätte berauben können, hatte die Eltern dazu gebracht, ihre Einstellung zu ändern. Fritz Felix erklärte: „Das Schicksal hat euch zusammengeführt und ich lege eurer Vereinigung keine Steine in den Weg."

In einem Brief desselben Jahres, nachdem sich Herbert und Kerstin verlobt hatten, gab Fritz Felix der bevorstehenden Heirat seinen Segen, begrüßte Kerstin als „ein geliebtes Kind in der Familie". Er und Ida würden alles tun, damit sie sich in Znaim zuhause fühlen würde. [Fritz Felix verwendete niemals den tschechischen Namen der Stadt, Znojmo.] Unter die Zeilen von Fritz fügte Ida hinzu: „Ich heiße dich willkommen, liebe Kerstin, als meine Tochter […] liebe meinen Buben und mach´ ihn glücklich, denn er ist ein großer und guter Mensch!"

Die Hochzeit wurde für den 21. März 1937 anberaumt. Alles war vorbereitet. Herberts Familie sollte nach Schweden reisen. Doch plötzlich starb Kerstins Schwager, Lars Hammarskjöld, und das Fest wurde abgesagt. Es wurde entschieden, dass die Trauung stattdessen in einer evangelischen Kirche in Znaim stattfinden sollte – am 5. Juni, genau ein Jahr nach dem Zugsunglück bei St. Florian.

Von einer Generation zur nächsten hatte die Familie Felix sich zum jüdischen Glauben bekannt. Am Stammbaum gab es den einen oder anderen Rabbiner. Doch dieses religiöse Band mit der Vergangenheit war dabei, sich aufzulösen. Es war nicht ungewöhnlich, dass Juden in Mitteleuropa zum Christentum übertraten. Manche taten es in der irrigen Hoffnung, dann den Schikanen zu entkommen. Andere taten es aus Überzeugung. Willi Felix war in seinem Inneren schon früh katholisch geworden. Ida, deren Mutter Christin war, sollte 1939 in Prag getauft werden. Sogar Fritz trat zum Christentum über. Wann das geschah, ist unklar, doch die Briefe, die er in seinen letzten, schweren Jahren schrieb, deuten auf eine tiefe Religiosität hin. Für die Nazis spielte das Bekenntnis keine nennenswerte Rolle; sie wollten das jüdische Blut auslöschen. Ihr teuflisches Ziel ist vom Holocaustforscher Yehuda Bauer mit schauerlicher Präzision ein für alle Mal formuliert worden: „Die Nazis verfolgten Juden, alle Juden. Der nationalsozialistischen Politik entsprechend waren alle Menschen mit drei oder vier jüdischen Großelternteilen zum Tode verurteilt für das bloße Verbrechen, geboren zu sein."
Herbert war der religiös Wandelbarste in der Familie Felix. Im Melderegister und in Schuldokumenten schien er als Jude auf, doch beim Antritt seines Wehrdienstes gab er an, katholisch zu sein. In einem Heeresdokument ein Jahr später hieß es, er „hat die katholische Kirche verlassen und ist ohne Bekenntnis". Erst 1937, zeitgerecht zur Hochzeit, traf er seine endgültige Wahl und trat zum Protestantismus über. Nun begann er auch Christian als zweiten Vornamen zu führen.
War diese Wandelbarkeit ein Zeichen von Opportunismus oder beruhte sie darauf, dass er tatsächlich Antworten auf die großen Lebensfragen suchte?

Den Tagebüchern aus der Mitte der Dreißigerjahre nach zu urteilen, hatte Herbert einen Lieblingsphilosophen mit religiösen Vorzeichen: Sören Kierkegaard. Eines der Tagebücher aus der Zeit kurz vor der Heirat wird von ein paar Zitaten des dänischen Denkers des 19. Jahrhunderts eröffnet, die die Ehe betreffen und in sorgfältig geformten Buchstaben niedergeschrieben sind, die im Kontrast zu Herberts ansonsten flüchtiger und schwer leserlicher Handschrift stehen. Eines davon lautet: „Meine Ehe wird sittlich und damit auch ästhetisch ansprechend, erst wenn das Wesen, mit dem ich in die innigste Verbindung, welche es auf Erden gibt, trete, mir auch geistig ebenso nahesteht."

Bedenkt man, wie sich Herberts Leben noch gestalten sollte, und die schweren Entscheidungen, vor die er gestellt werden sollte – flüchten oder nicht flüchten, kämpfen oder nicht kämpfen – erscheint es beinahe folgerichtig, dass er fasziniert war vom Verfasser von *Enten-Eller* (dt. *Entweder-Oder*) von 1843. Für den religiös geplagten und manisch-depressiven Kierkegaard, einen Vorläufer der Existentialisten, stand die persönliche Stellungnahme im Mittelpunkt. Es entstehen Situationen im Leben, die so entscheidend sind, dass das Individuum sich nicht hinter anderen verstecken oder sich auf die Zusicherungen anderer verlassen kann. Ein dänischer Kierkegaard-Experte hat die Botschaft zusammengefasst: „Es geht um dich! Du musst selbst die Verantwortung übernehmen! Du sollst selbst deine Entscheidungen treffen!" Auch viel später noch, als sich Herbert Felix in Eslöv niedergelassen hatte, wandte er sich an Kierkegaard; das geht aus den Belegen von Buchhandlungen in seinem Nachlass hervor.

Während Ida und Fritz Felix in Znaim eine prachtvolle Hochzeit planten, gingen in Berlin schicksalsschwere Entwicklungen vor sich. Im Dezember 1936 verkündete Hermann Göring den Spitzen der deutschen Industrie, dass der Endkampf in Sicht sei und Deutschland sich an der Schwelle zum Krieg befinde. Anfang 1937 schickte Hitler Abgesandte nach Italien, um sich zu vergewissern, dass Benito Mussolini ihm keine Hindernisse bereiten würde, wenn es um den Anschluss Österreichs an das Dritte Reich ginge. Im Juni stellte Feldmarschall Werner von Blomberg zwei „Kriegsfälle" vor, einen roten und einen grünen. Der grüne ging von einem deutschen Angriff auf die Tschechoslowakei aus, die sofort „eliminiert" werden sollte. Doch Blomberg vergaß nicht, darauf hinzuweisen, dass Deutschland im Vorhinein „die notwendigen Verhältnisse zur Motivierung einer solchen Aktion" schaffen müsse. Das war Konrad Henleins Aufgabe.

Die Details dieser deutschen Kriegspläne waren heimlich, doch die Unruhe wuchs, nicht zuletzt bei der jüdischen Bevölkerung Europas. Die Nürnberger Gesetze, die die deutschen Juden ihrer staatsbürgerlichen Rechte beraubt hatten, waren seit zwei Jahren in Kraft und Hitlers wütende Rhetorik ließ keinen Zweifel offen. Seine bösartigen Pläne erstreckten sich weit über die deutschen Grenzen hinaus.

Während eines Mittagessens in der Wohnung in der Wienerstraße ein paar Tage vor der Hochzeit bemerkte Kerstin, dass Herbert betrübt und unruhig war. Er bat sie, ins Büro in der Fabrik zu kommen. Er hätte etwas Wichtiges zu sagen. Kerstin wunderte sich, was so feierlich und ernst besprochen werden sollte. Hatte er seine Meinung über die Hochzeit geändert? Herbert saß am Schreibtisch seines Vaters. Er erklärte seiner werdenden Gattin, dass er ihr etwas erzählen müsse, was er schon viel zu lange verborgen habe, etwas, das sie vielleicht veranlassen würde, die Eheschließung mit ihm zu verweigern: „Ich bin Jude."

Die Flucht

„Aufruhr, Ruhe, Krieg, Frieden [...] das Roulette dreht sich, dreht sich immer weiter, wo wird die Kugel liegen bleiben?"

Es erscheint wenig glaubhaft, dass Kerstin bloß ein paar Tage vor der Trauung hätte erfahren sollen, dass Herbert einer jüdischen Familie angehörte. Das muss sie aller Wahrscheinlichkeit nach gewusst haben. Warum sonst hätte sie sich bei Hitlers Machtübernahme so sehr um Willi sorgen sollen? Vielleicht bat Herbert seine künftige Gattin ins Büro, um ein ernsthaftes Gespräch zu führen über die Schwierigkeiten, mit denen das Paar in dem ver-

Brautpaar Kerstin und Herbert Felix, Juni 1937

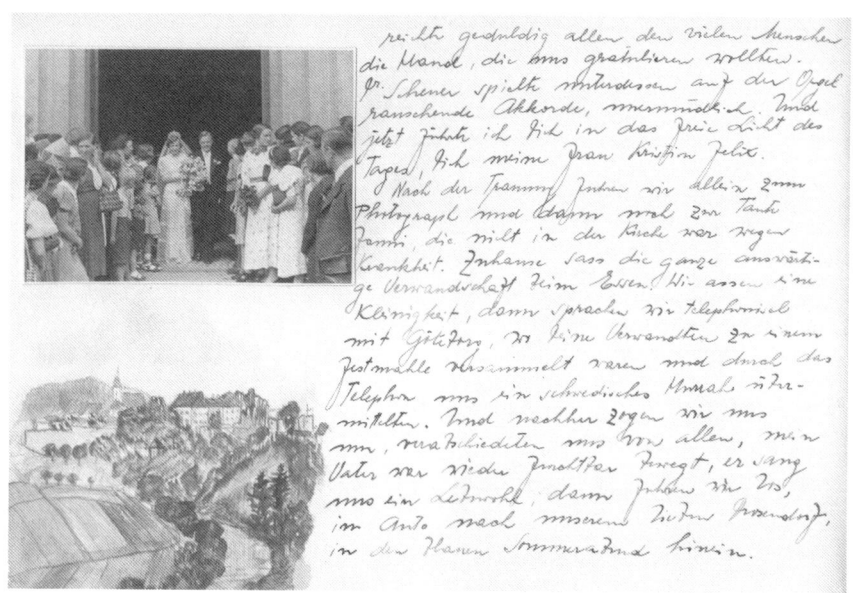

Auszug aus dem Tagebuch von Herbert Felix

gifteten Klima, das herrschte, zu rechnen haben würde. Auf alle Fälle waren Herbert Felix' jüdische Wurzeln nichts, was Kerstin Cruickshank daran hinderte, ihn zu heiraten.

Ihre Hochzeit war eines der großen gesellschaftlichen Ereignisse in Znaim 1937. Der Erbe eines der bedeutendsten Unternehmen der Stadt heiratete eine Schwedin, keine Frau aus der Gegend. Fotografien in Herberts Tagebuch zeigen schick angezogene Gäste und eine neugierige Lokalbevölkerung, die sich außerhalb der Kirche drängt, um einen Blick auf das Brautpaar und insbesondere die exotische Braut zu erhaschen.

Herbert schrieb in seinem Tagebuch davon, wie ergriffen er von Kerstins Schönheit war, als sie einen Kranz aus Edelweiß auf ihr Haar bettete, und wie er ihre gemeinsame Fahrt zur Kirche genoss: „Als wir in die Autos stiegen, läuteten schon die Glocken für uns. Schade, dass der Weg so kurz war."

Die Einladung war auf Deutsch und Schwedisch gedruckt worden, doch die Trauerzeit nach dem Tod von Kerstins Schwager gestattete der Mutter Helga und den Schwestern Ingeborg und Gertrud keine Reise in die Tschechoslowakei. Fritz Buchberger und Willi waren Herberts Trauzeugen. Nach der Trauung folgte ein Festmahl, das die Braut später in ziemlich vorwurfsvollem Ton beschrieb: „Das Bankett mit der Verwandtschaft war überwältigend, überall dunkle Männer mit Hakennasen, kleine fette Matronen, Massen an schlecht erzogenen Kindern. Die Gerichte waren jüdisch: Zwiebel, Hering, unbekannte Speisen, aber sehr schmackhaft. Ich glühte, als hätte ich Fieber. Wann brechen wir auf?"

Nach dem Essen und nachdem sie mit Kerstins Mutter in Göteborg telefoniert hatten, traten sie ihre Hochzeitsreise an. Zuerst ging es nach Dalmatien, an die jugoslawische Adriaküste. Auf den Fotos sieht man ein verliebtes Paar.

Hochzeitsgäste: Bruder Willi und Jugendfreund Fritz Buchberger

Eltern Ida und Fritz Felix

Herbert notierte jede Sehenswürdigkeit. Doch nach einigen Tagen ging es Kerstin schlecht und sie musste in Split im Krankenhaus liegen. Herbert erzählte seinem Tagebuch, wie er nachts bei Kerstin schlief und untertags Lust hatte, sich draußen zu bewegen.

Das Fieber wollte nicht so recht weichen, aber sie entschieden sich dennoch, weiterzufahren nach Österreich, zu einem Schlosshotel am Wörthersee. Kerstins Zustand verschlechterte sich und ein Arzt stellte eine Herzklappenentzündung fest. Nach einem weiteren Krankenhausaufenthalt brachen sie die Hochzeitsreise ab und kehrten nach Znaim zurück.

Kerstin war schwer mitgenommen. Bis die gemeinsame Wohnung in der Bruckerstraße fertig werden würde, richtete man ein Krankenlager in Herberts altem Kinderzimmer in der Wienerstraße ein. Das Fenster ging zur Fabrik hinaus und das Zimmer war gesättigt vom Gestank vergorener Gurken. Viele glaubten, dass Kerstin schwanger war. Diese Spekulation wurde,

Auf Hochzeitsreise an der Adria

wie sie selbst bezeugt, dadurch geschürt, dass ein Kind zu haben, „Herberts größter Wunsch war" – trotz der bedrohlichen Umgebung.

Kerstin wurde zwar schließlich wieder gesund, doch sie und Herbert bekamen niemals die Chance, in Ruhe ein gemeinsames Familienleben in Znaim aufzubauen. Der Weltuntergang rückte näher.
Neun Monate nach der Hochzeit, im März 1938, marschierten deutsche Truppen in Österreich ein. Das alte Heimatland, mit dem sich die Familie Felix so stark verbunden gefühlt hatte, wurde unter dem Namen „Ostmark" in einen Teil des Deutschen Reiches verwandelt.
Die Siegermächte des Ersten Weltkriegs hatten durch den Frieden von Saint-Germain 1919 den Anschluss Österreichs an Deutschland verboten. Später, 1931, unterbanden sie auch eine Zollunion zwischen den beiden Ländern. Doch Adolf Hitler, selbst aus Österreich, dachte nicht daran, sich an irgendwelche Verträge zu halten. Es war seine fixe Idee, alle Deutschen in einem

Großdeutschen Reich zu vereinen. In *Mein Kampf* hatte er festgelegt: „Deutschösterreich muss wieder zurück zum großen deutschen Mutterlande."

Während der Dreißigerjahre nahmen die Gegensätze zwischen Sozialisten und Konservativen in Österreich zu. Das führte 1933/34 zur Errichtung eines autoritären Regimes unter Bundeskanzler Engelbert Dollfuß, der vom italienischen Faschismus inspiriert war. Er bekämpfte die Gedanken an einen Anschluss an Deutschland, verbot die Partei der Nationalsozialisten in Österreich und zerschlug die Sozialisten nach harten Straßenkämpfen. Einer der jungen Sozialisten, die ins Gefängnis kamen, war Herbert Felix' Cousin Bruno Kreisky.

Dollfuß starb bei einem misslungenen Putschversuch der Nazis im Sommer 1934. Sein Nachfolger war Kurt von Schuschnigg, der sich anfangs den deutschen Vorstößen widersetzte. Er erhielt Unterstützung von Großbritannien, Frankreich und Italien, die 1935 die so genannte Stresafront bildeten, um über Österreichs Unabhängigkeit zu wachen.

Doch als Italien im Oktober desselben Jahres Abessinien angriff, brachte dies eine Annäherung zwischen Hitler und Mussolini mit sich. Der Ausbruch des Spanischen Bürgerkriegs 1936 verstärkte dieses Naheverhältnis und im Jahr darauf schloss sich Italien dem Antikominternpakt an, den Deutschland und Japan geschlossen hatten. Mit schwindender internationaler Unterstützung meinte Schuschnigg, keine andere Wahl zu haben, als den deutschen Forderungen immer weiter nachzugeben. Zuerst, 1936, akzeptierte er, eine auf Deutschland orientierte Politik zu betreiben im Austausch dafür, dass Hitler Österreichs Unabhängigkeit anerkannte. Dann, im Februar 1938, gelang es den Deutschen, ihn unter anderem dazu zu drängen, alle inhaftierten Nazis freizulassen, auch jene inbegriffen, die am Putschversuch vier Jahre zuvor teilgenommen hatten. Eine andere Forderung war, dass der Nationalsozialist Arthur Seyss-Inquart Innenminister werden sollte – mit unbegrenzter Verfügungsgewalt über die Polizei.

Es war Schuschniggs letzter, verzweifelter Gegenzug, eine Volksabstimmung über Österreichs Unabhängigkeit anzusetzen, doch seine Stellung war nicht zu halten. Am 11. März übergab er die Macht an Seyss-Inquart. Tags darauf marschierten deutsche Truppen in Österreich ein.

Kerstin und ihre Schwiegermutter Ida Felix erlebten den Anschluss aus nächster Nähe. Im März befanden sie sich auf Skiurlaub im österreichischen Lech am Arlberg, wo sie einige herrliche Tage verlebten. Eines Nachmittags, als sie auf der Terrasse des Hotels saßen und Tee tranken, kam der Hoteldirektor plötzlich heraus, ging zum Flaggenmast, hisste die Hakenkreuzfahne und schrie: „Ein Volk, ein Reich, ein Führer, Sieg Heil!"

Chaos brach aus. Manche eilten zu den Telefonen, andere wollten wissen, wann die Züge gingen und ob die Grenzen offen wären. Jüdische Hotelgäste weinten vor Verzweiflung. Kerstin und Ida reisten umgehend nach Wien, um von dort nach Znaim zu gelangen.

Der deutsche Einmarsch in Österreich geschah nicht ohne Beifall in der Bevölkerung. Die Tschechoslowakei dagegen war bereit, sich zu verteidigen. Die Streitkräfte waren relativ stark und wohlgerüstet. Ein Befestigungssystem nach Vorbild der französischen Maginot-Linie war an den Grenzen geschaffen worden und das Land – so meinte man jedenfalls – war geschützt durch die zielstrebige Allianzpolitik von Edvard Beneš. Doch die Entscheidungsträger in Paris und London ließen sich willig in die Irre führen. Lord Halifax, enger Mitarbeiter des britischen Premierministers Neville Chamberlain, hatte im November 1937 Hitlers persönliche Versicherung erhalten, dass die Tschechoslowakei nichts zu befürchten hätte, wenn bloß die deutsche Minderheit gut behandelt werden würde. Das war eine Lüge. Hitler mahnte Konrad Henlein und seine Anhänger weiterhin, unmäßige Forderungen zu stellen.

In den Wochen nach dem Anschluss fanden begeisterte Demonstrationen in mehrheitlich deutschen Städten der Tschechoslowakei statt, nachdem sich das Gerücht verbreitet hatte, auch dort stünde ein deutscher Einmarsch bevor.

Schon im Mai 1938 wurde die Lage kritisch, als die tschechoslowakische Regierung, nicht anders als britische und französische Diplomaten, Berichte über deutsche Truppenbewegungen an der Grenze erhielt. Die Regierung in Prag ordnete eine Teilmobilmachung an.

Hitler hatte bei dieser Gelegenheit keine Pläne, die Tschechoslowakei gerade jetzt anzugreifen. Doch da eine deutsche Invasion allgemein befürchtet wurde, verlor er das Gesicht, als sie ausblieb. Es sah aus, als hätte er klein beigegeben. Daher trug die so genannte Maikrise dazu bei, dass Hitler am 30. Mai 1938 einen revidierten „Fall Grün" unterzeichnete. Dort stellte er fest: „Es ist mein unabänderlicher Entschluss, die Tschechoslowakei in absehbarer Zeit durch eine militärische Aktion zu zerschlagen."

Herbert Felix empfand, genauso wie Juden in ganz Mitteleuropa, eine stark zunehmende Unruhe. Znaim lag nahe der österreichischen Grenze und auf der anderen Seite wurden deutsche Truppen konzentriert. Mit Österreichs Anschluss an Nazideutschland wurde es für die deutschsprachigen Juden der Tschechoslowakei nötig, ihre nationalen Loyalitäten zu überdenken. Der neugebildete Staat, in den sie nach dem Zusammenbruch der Doppelmonarchie 1918 gezwungen worden waren, erschien jetzt als eine Zuflucht.

Im Sommer 1938 breitete sich für Herbert Felix und seine nähere Umgebung eine letzte Verschnaufpause vor dem Sturm aus. Das war Kerstins Verdienst. Über ihre Mutter hatte sie ein Haus an der schwedischen Westküste gemietet. Herbert, Ida und Willi fuhren dorthin auf Urlaub, während Fritz Felix, für den die Fabrik stets an erster Stelle stand, zuhause in Znaim blieb. Herbert kam zuerst an und er und Kerstin verbrachten dort einige harmonische Wochen miteinander. Ida, Willi und ein guter Freund Willis aus Wien, Herbert Amadeo, schlossen sich etwas später an und blieben, als Herbert Felix nach Hause zurückkehrte, um bei den Geschäften der Firma zu helfen. Aber Willi und Amadeo mussten überstürzt abreisen, nachdem letzterer erfuhr, dass er zum Wehrdienst eingezogen werden würde. Ida fuhr bald darauf zurück nach Znaim, Kerstin indes verblieb in Schweden.

Das Exportgeschäft in Znaim lief blendend. Die Furcht vor einem neuen Krieg hatte in ganz Europa zu Hamsterkäufen geführt. Allein nach Schweden schickte LÖW & FELIX zwanzig Eisenbahnwaggons mit Konserven. Die Lieferung war nach wenigen Tagen ausverkauft. Kerstins späterem Bericht nach zu urteilen wollte Herbert so lange wie möglich in Znaim bleiben, um ein Maximum an Geld zu verdienen. Sie sandte ein Telegramm nach dem anderen, das ihn ermahnte, fortzugehen, aber sie erhielt bloß ablehnende und abwiegelnde Antworten.

Hier, wie in manch anderer Angelegenheit, unterscheiden sich ihre Erinnerungen von denen Herberts. Zwar hatte Kerstin sicher einen gewissen Einfluss auf ihren Gatten, doch es war nicht sie, die ihn zur endgültigen Entscheidung bewog, die Tschechoslowakei zu verlassen – es war ein Engländer.

Nach der Maikrise im Juni wuchsen die britischen Sorgen darüber, dass die Verhandlungen zwischen Henlein und der Prager Regierung zusammenbrechen könnten und Hitler damit einen Vorwand erhalten würde, zuzuschlagen. Großbritannien besaß – im Unterschied zu Frankreich – keine unmittelbaren Verpflichtungen der Tschechoslowakei gegenüber und im Locarnovertrag von 1925 hatten die Briten zugesagt, Frankreich zu verteidigen. Halifax, nunmehr Außenminister, wollte die explosive Situation entschärfen und schlug vor, „einen klugen britischen Untertan" in die Tschechoslowakei reisen zu lassen, um die beiden Seiten wieder zusammenzuführen.

Die Wahl fiel auf Lord Runciman, einen Schiffsmakler mit politischer Vergangenheit. Chamberlain teilte seinen Beschluss dem Unterhaus am 26. Juli 1938 mit, unterstrich jedoch, dass Runciman von der Regierung unabhängig sei und „in seiner Kapazität als Einzelperson" agieren solle. Runciman selbst beschrieb das so, als ob er „auf einem kleinen Boot mitten im Atlantik ausgesetzt" worden wäre.

Es war Runciman, der Herbert Felix davon überzeugte, dass das Schicksal der Tschechoslowakei besiegelt war. Fünfzehn Jahre später erzählte Herbert Felix, wie es dazu kam:

„Im August 1938 kam Lord Walter Runciman als Vermittler zwischen der Tschechoslowakei und Deutschland nach Prag, wo ich mich gerade wegen einer Geschäftsreise aufhielt. Eine große Turnvorführung sollte stattfinden und verschiedene Nationen zogen auf das Feld: Tschechen, Österreicher, Deutsche. Als die deutschen Truppen den Hitlergruß entboten und Lord Runciman ihn beantwortete, verschwand die Hoffnung, die wir zuvor gehegt hatten, dass wir Hilfe dabei bekommen würden, unsere staatliche Integrität gegen Deutschland zu bewahren. Ich fuhr nach Hause und packte und ermahnte meine Familie, die Tschechoslowakei rasch zu verlassen, bevor sie dasselbe Schicksal wie Österreich erleiden würde."

Herbert Felix war der Ansicht, besser über die gefährliche Lage informiert zu sein als viele andere seiner Landsleute. Durch die Verbindung zu Schweden und Göteborg besaß er in Znaim ein Abonnement der Göteborgs Handels- och Sjöfartstidning, in welchem Torgny Segerstedt flammende Kolumnen gegen die Nazis verfasste: „Segerstedts Artikeln in der Zeitung habe ich praktisch mein Leben zu verdanken. Durch sie sah ich klarer, als ich es ansonsten vermocht hätte, welche Richtung die weltpolitischen Ereignisse nehmen sollten."

Während Herbert Felix sich darauf vorbereitete, sein Land zu verlassen, ging das tschechoslowakische Drama zu seinem letzten, tragischen Akt über. Lord Runcimans Auftrag schien in eine Sackgasse zu führen. Die Tschechen schwankten zwischen Hoffen und Bangen. Nach dem Anschluss war Prag zu einem Hauptquartier ausländischer Journalisten geworden. Einer von ihnen, der Schwede Gösta Persson, beschrieb die Situation in einem Reportage-Buch:

„Aufruhr, Ruhe, Krieg, Friede [...] das Roulette dreht sich, dreht sich immer weiter, wo wird die Kugel liegen bleiben? Da schlägt die Bombe ein, eine merkwürdige Bombe, denn sie verbreitet einen überraschenden, erstaunlichen Effekt, die Nervenleitungen verstricken sich in ein Knäuel, jede Schlussfolgerung steht Kopf, Kontrolle, Kontrolle! Was ist geschehen?
Chamberlain fliegt, fliegt zum ersten Mal in seinem Leben, reist nach Berchtesgaden, trifft Hitler!"

Der britische Premierminister war zu dem Schluss gekommen, dass es jetzt direkt auf ihn selbst ankam, die gefährliche Lage in Mitteleuropa zu beruhigen und einen Krieg zu verhindern. Daher begab er sich ins bayrische Berchtesgaden, wo er am 15. September 1938 Hitler treffen sollte.

Nach einigen Artigkeiten zur Begrüßung holte Hitler zu einer Vorlesung darüber aus, wie das deutsche Volk unter den Bedingungen des Friedens von Versailles gelitten hätte, und dass er „nicht einen Schritt zurückweichen" würde von seiner Forderung, dass über drei Millionen Deutsche in der Tschechoslowakei mit Deutschland wiedervereinigt werden müssten. Die Unterdrückung, der sie ausgesetzt waren, bedeute, meinte Hitler, dass er ohne Verzögerung handeln müsse. Chamberlain versuchte zu verhandeln, doch Hitler bestand darauf, dass „bei jedem Gebiet mit deutscher Mehrheit das Territorium in Frage Deutschland zufallen muss". Das einzige Zugeständnis, das der britische Premierminister von Hitler in Berchtesgaden erhielt, war, dass er weitere Gespräche abwarten würde, bevor Deutschland zu den Waffen griffe.

Nach Chamberlains Treffen mit Hitler fuhr der französische Premierminister Édouard Daladier nach London, wo ein französisch-britischer Vorschlag präsentiert wurde, ohne die Tschechoslowakei auch nur um ihre Meinung zu fragen. Alle Gebiete mit deutscher Mehrheit in der Tschechoslowakei sollten an Deutschland übergeben werden. Die Regierung in Prag weigerte sich zunächst, das Arrangement zu akzeptieren, war aber am 21. September 1938 gezwungen, sich britischem und französischem Druck zu beugen.

Am Tag darauf begab sich Chamberlain zu einem weiteren Treffen mit Hitler, diesmal in Godesberg. Dort wurde er – zu seinem Schrecken – mit noch vehementeren Forderungen als in Berchtesgaden konfrontiert. Hitler erachtete die frühere Übereinkunft als vollkommen unzureichend, tat die Tschechoslowakei als „künstliches Gebilde" ab und präsentierte eine Karte der Gebiete, die von deutschen Truppen bis spätestens 1. Oktober 1938 besetzt werden sollten. Znaim (tschech. Znojmo) lag in einem der von Hitler markierten Territorien.

Die tschechoslowakische Regierung lehnte die Ansprüche ab und hatte während der Godesberger Konferenz die allgemeine Mobilmachung angeordnet. Bahnverbindungen nach Deutschland wurden unterbrochen, Gasmasken an die Zivilbevölkerung verteilt und jede militärische Information unter Geheimhaltung gestellt. Präsident Beneš hielt am 23. September 1938 eine Radioansprache: „Möge jeder Einzelne alle seine Kräfte in den Dienst des Vaterlandes stellen. Seid tapfer und treu. Unser Kampf ist ein Kampf für Gerechtigkeit und Freiheit. Es lebe die Tschechoslowakei!"

Die Rede wurde anschließend auf Deutsch, Ungarisch, Ruthenisch, Slowakisch, Polnisch und Hebräisch verlesen. Es war wie der Schwanengesang einer multiethnischen Republik.

Der Mobilmachungsbefehl betraf alle waffenfähigen Männer bis zum 40. Lebensjahr, also auch den dreißigjährigen Herbert Felix. Doch zu diesem Zeitpunkt war Herbert Felix bereits in Göteborg angekommen und bei Helga und Kerstin in der Bööstraße eingezogen. Bei sich hatte er bloß eine kleine Aktentasche und seine Papiere. Er war auf der Flucht.

Herbert Felix kam in den Tagen um den 4. September 1938 nach Göteborg, ein Datum, das er als den Zeitpunkt seiner Emigration angab, als er nach dem Krieg seine tschechoslowakische Staatsbürgerschaft ablegte. Doch als die Nachricht von der Mobilisierung Schweden erreichte, wurde er von Bedenken ergriffen. Sollte er kämpfen? Er wandte sich an die Gesandtschaft der Tschechoslowakei, bekam aber den Rat, abzuwarten.

Europa stand am Rande des Krieges. Deutsche Truppen nahmen Angriffsstellungen an der tschechischen Grenze ein, französische Reservisten wurden an die Maginotlinie berufen und die britische Flotte wurde mobilisiert. Im Londoner Hyde Park wurden Schützengräben ausgehoben. Neville Chamberlain hielt eine seither berüchtigte Radioansprache über „einen Streit in einem fernen Land, von dem wir nichts wissen".

In einem letzten Versuch, einen Krieg zu vermeiden, schlug Chamberlain die sofortige Einberufung einer internationalen Konferenz vor. Hitler stimmte zu. Die Idee war eigentlich eine amerikanische. Präsident Franklin Roosevelt, immer besorgter über die Lage in Europa, hatte an Hitler appelliert, „einer Konferenz unter Teilnahme aller direkt vom gegenwärtigen Konflikt berührten Nationen" zuzustimmen. Trotz der Worte „direkt berührt" wurde die

Tschechoslowakei nicht eingeladen, doch Chamberlain versprach Beneš, „an die Interessen der Tschechoslowakei zu denken". Auch die Sowjetunion blieb außen vor. Es waren nicht mehr als die Staatschefs von vier Ländern, die sich am 29. September 1938 in München trafen: Chamberlain, Daladier, Hitler und Mussolini.

Am nächsten Tag wurde der Inhalt des Münchner Abkommens bekannt. Chamberlain und Daladier fuhren nach Hause und wurden mit Jubel und Erleichterung begrüßt. Der britische Premierminister erklärte, dass er einen „ehrenvollen Frieden" und einen „Frieden für unsere Zeit" erreicht habe.

Das Abkommen, das zum Symbol der Unterwürfigkeit geworden ist, spiegelte im Wesentlichen die Forderungen, die Hitler Chamberlain in Godesberg vorgestellt hatte: Die Tschechoslowakei sollte die Räumung der sudetendeutschen Gebiete am 1. Oktober beginnen. Am selben Tag sollte Deutschland eine stückweise Übernahme einleiten. Der Abzug wie die Besetzung sollten am 10. Oktober beendet sein. Die Regierung in Prag wurde für die unbeschadete Erhaltung der Infrastruktur verantwortlich gemacht.

Die Tschechoslowakei würde ihre wohlhabendsten und am besten verteidigten Regionen verlieren und es war vollkommen offensichtlich, dass weder Großbritannien noch Frankreich – und damit auch nicht die Sowjetunion – die Absicht hatten, die Sicherheit des Landes zu garantieren.

Die Prager Regierung hatte bloß wenige Stunden Zeit, um zu antworten, und keine andere Wahl, als zu kapitulieren. Der Premierminister, General Syrový, sprach im Radio und erklärte, die Wahl stünde zwischen dem Tode der Nation und dem Verlust von Territorien. Demonstrationen gegen das Abkommen wurden von der Polizei rasch zerstreut. Eine Stimmung der Staatstrauer breitete sich über Prag aus.

Edvard Beneš verließ das Präsidentenamt am 5. Oktober 1938 und ging ins Exil.

Znaim war eine der letzten Städte, die von den Deutschen in Folge des Münchner Abkommens übernommen wurden. Sie marschierten am 9. Oktober 1938 ein. Fritz Felix stand da und betrachtete sie, während er am

Telefon mit Kerstin sprach. Sie rief aus Prag an, wohin sie sich begeben hatte, um der Familie zu helfen, während Herbert Felix in Schweden blieb, um sich nach der Flucht um administrative Notwendigkeiten zu kümmern und den Kontakt mit seinen alten Kunden zu erhalten.

Kerstin fragte, warum Fritz in Znaim verblieb. Er antwortete: „Der Kapitän darf erst als Letzter das Schiff verlassen." Fritz Felix war – zumindest bis zu diesem Zeitpunkt – überzeugt, dass sich die Familie sicher fühlen könnte: Er wies voller Gewissheit darauf hin, dass die Deutschen „ein großes Kulturvolk" wären.

Vor seiner Abreise nach Schweden versuchte Herbert Felix seine Eltern davon zu überzeugen, dass sie mit ihm mitkommen müssten. Es ist möglich, dass Ida Felix flüchten wollte. Bei ihrem Aufenthalt in Schweden hatte sie das Land begeistert und sie hatte begonnen, die Sprache zu erlernen. Einen Teil der Briefe, die sie später an Herbert und Kerstin schickte, schrieb sie in schleppendem Schwedisch. Doch es war Fritz, der bestimmte, und für ihn war es ausgeschlossen, sein Heim und seine Fabrik zu verlassen. Die Diskussionen zwischen Fritz und seinem ältesten Sohn waren hart und sollten Herbert für den Rest seines Lebens verfolgen: „Mein Vater misstraute meinen Prophezeiungen und war empört darüber, dass ich mein Land verließ, und die letzten Worte, die wir wechselten, waren aufgebracht und bitter."

Der deutsche Einmarsch hatte für Fritz unmittelbar Konsequenzen. Er wurde verhaftet, nur um danach mit Stößen und Schlägen über die Grenze dessen, was von der Tschechoslowakei übrig war, gejagt zu werden. Die Fabrik wurde unter eine sogenannte kommissarische Leitung gestellt, was mit schauerlicher Deutlichkeit aus dem Schriftwechsel mit Schweden hervorgeht. Rechnungen und Briefe, geschrieben auf LÖW & FELIX Briefpapier, wurden mit „Heil Hitler!" beendet. Auch private Habseligkeiten wurden beschlagnahmt, seien es die von Fritz und Ida in der Wohnung in der Wienerstraße oder die von Herbert und Kerstin in der Bruckerstraße. Kerstin versuchte zu ihrem und ihres Gatten Hausrat Zugang zu erlangen, wurde jedoch – über das schwedische Konsulat in Wien – von den Znaimer Behörden dahingehend belehrt, dass solche Anfragen an die Geheime Staatspolizei, Gestapo, zu richten waren.

Nach dem Tumult in Znaim verloren Ida und Fritz einander aus den Augen, wurden aber in Prag wiedervereint, wohin auch Willi gelangt war. Die Stadt war voll von Flüchtlingen aus den Sudetengebieten, es herrschte Wohnungsnot. Unter Wucherbedingungen durften sie in Dobřichovic südlich von Prag ein Zimmer mieten. Kerstin hatte eine Stelle am schwedischen Konsulat in der tschechoslowakischen Hauptstadt angenommen, wo sie Flüchtlinge registrierte, die um ein Visum für Schweden ansuchten. Sie versuchte den zuvor so widerwilligen Fritz davon zu überzeugen, dass auch er, Ida und Willi die Tschechoslowakei verlassen müssten.

In Göteborg war Herbert vollauf damit beschäftigt, eine Arbeitsgenehmigung zu erhalten, was aus seiner Korrespondenz mit Kerstin hervorgeht:

„Die Zeitungen haben praktisch aufgehört, über die Tschechoslowakei zu schreiben, also hatte ich wirklich keine Ahnung, wie es dort unten aussieht. Offenbar wird es genauso wie in Deutschland. Hier ist in den letzten Tagen nichts weitergegangen. Mein Ansuchen war schon hier bei der Polizei, und ich hoffe, dass das in ein paar Tagen erledigt sein wird […] Was ich aus Znaim brauchen würde, wäre der Nachweis des Wohnorts, Taufschein, das Rezeptbuch. Aber das kannst Du wohl nicht bekommen, weil es riskant wäre nach Znaim zu fahren […] Ich wünsche mir so sehr, dass du wohlbehalten nach Hause kommst und nicht von dieser Reise zerstört wirst."

Die Einlegerezepte kamen nach Schweden. Fritz Buchberger gelang es, an das Buch zu kommen und er übergab es an Kerstin. Doch Herbert Felix sollte Zeit seines Lebens bereuen, dass er das jahrhundertealte Likörrezept der Familie Felix gleichgültig links liegen gelassen hatte.

Das Sudetenland war ein Teil Deutschlands geworden und Herbert war folglich besorgt um seine Staatsbürgerschaft. Er schrieb an Kerstin in Prag: „Vielleicht kannst Du Dich am schwedischen Konsulat umhören, ob ich die tschechoslowakische Staatsbürgerschaft behalten kann, da ich bereits vor dem Umsturz hier gewohnt habe, selbst wenn ich aus dem Sudetenland stamme."

Doch es war nicht nur Herbert Felix, der sich um seine nationale Zugehörigkeit Sorgen machen musste. In der wohl äußerst packenden Zeit des Herbstes 1938 erlebte Kerstin, wie ihre eigene Staatsbürgerschaft von den schwedischen Behörden in Frage gestellt wurde, die offenbar darauf reagierten, dass sie einen Ausländer jüdischer Herkunft geheiratet hatte. Sie erhielt einen Brief vom Generalkonsulat in Wien, an welches sie sich gewandt hatte, um beschlagnahmte Gegenstände aus Znaim zu erhalten:

„Sie sagen, dass Sie schwedische Bürgerin sind, geben jedoch zugleich an, mit einem Tschechen verheiratet zu sein. Haben Sie besondere Maßnahmen ergriffen, ihr schwedisches Bürgerrecht zu behalten oder zurückzuerlangen? Besitzen Sie einen schwedischen Pass? Haben Sie die Güte, diese Fragen ausführlich zu beantworten. Am besten wäre, wenn Sie irgendein Dokument finden könnten, dass Ihr Bürgerrecht bestätigt [...] Ist etwas bekannt über den Grund der Beschlagnahme der Möbel? Sollte der Grund jener sein, dass Ihr Mann als Nicht-Arier betrachtet wird?"

Kerstin wurde von einer bloßen Formalität aus dieser Klemme befreit. In der Tschechoslowakei musste eine kirchliche Trauung durch eine standesamtliche ergänzt werden. Erst dann war die Ehe vollständig gültig. Kerstin und Herbert hatten vorgehabt, dies am Prager Rathaus nachzuholen, waren jedoch wegen ihrer Krankheit nie dazu gekommen. Sie war weiterhin schwedische Staatsbürgerin und ihr Pass wurde erneuert.
Auch Herbert bemerkte Misstrauen von Seiten der schwedischen Behörden bezüglich ihrer Eheschließung: „Heute hat wieder die Polizei angerufen und fragte nach unserem Trauschein. Ich antwortete, dass du ihn mitgenommen hast [...] um die Bestätigung dafür zu erhalten, dass der Pfarrer Stöckl trauungsberechtigt war [...] Es wäre schön, diesen Nachweis bald zu bekommen, denn ich weiß nicht, ob ich ohne ihn eine Arbeitserlaubnis bekommen kann."
Im selben Brief bedankte sich ein erleichterter Herbert für ein Telegramm Kerstins, in dem sie ihm mitgeteilt hatte, dass sie endlich Fritz in Prag getroffen hatte: „Vielen Dank für das Telegramm, das ich gerade eben bekommen habe,

und ich hoffe, dass mir Papa sofort schreiben wird, wie es jetzt um ihn steht. Ich nehme an, dass er Znaim auf ewig verlassen hat und glücklich darüber ist, über die Grenze gekommen zu sein."

Aber wie immer, wenn es um Herberts Verhältnis zu seinem Vater ging, kam die Firma zuerst. Kaum dass sich Herbert für die guten Neuigkeiten bedankte hatte, kam er schon aufs Geschäft zu sprechen: „Hier fangen die Kunden an, lettische Gurken zu importieren, und deswegen möchte ich gerne wissen, ob es mit dem Gurkenexport endgültig vorbei ist oder ob Papa Verbindung mit einer Einlegefirma in Prag aufnimmt. Aber in diesem Fall soll Papa mir das auf der Stelle schreiben, damit ich die Kunden davon abhalten kann, lettische Gurken zu kaufen."

In Prag setzte Kerstin ihre Bemühungen, Ida, Fritz und Willi herauszubekommen und nach Schweden zu bringen, fort. Das Geld war nicht das Problem. Durch die Firma hatte Fritz in Schweden eine Summe von an die 100 000 Kronen auf der Bank, im Jahr 1938 ein Vermögen. Die Familie würde also für den Staat keine Last bedeuten. Doch sie traf ständig auf neue Hindernisse und hatte das Gefühl, dass die Leitung des Konsulats ihr entgegenarbeitete. Sie entschied sich, nach Schweden zurückzukehren und gemeinsam mit Herbert Socialstyrelsen zu bearbeiten – diejenige Behörde, die sich auch um Ausländerfragen kümmerte.

Im Spätherbst 1938 war Herbert dabei, wichtige Verhandlungen zu Ende zu bringen. Donald Thomson, seit 1929 Generaldirektor der AB P Håkansson in Eslöv, suchte mit aller Kraft jemanden, der der Salubrinfabrik aus einer schwierigen Lage helfen konnte. Die Fabrik hatte zunehmende Probleme, Absatz für ihren Essigüberschuss zu finden. Früher hatten private Haushalte große Mengen gekauft, um selbst einzulegen, doch im Laufe der Dreißigerjahre waren die Leute immer mehr dazu übergegangen, im Laden fertig Eingelegtes in Dosen oder Gläsern zu kaufen. Das war eine Folge des erhöhten Lebensstandards: Wärmerer Wohnraum machte hausgemachte Konserven weniger haltbar.

Thomson war zusammen mit dem Aufsichtsratsvorsitzenden Ivar M. G. Sandberg der Ansicht, dass die Firma irgendwie auf diesen Zug aufspringen musste. Daher galt es, jemanden zu finden, der sich mit dem Einlegen in Essig in industriellem Ausmaß auskannte. Eines Tages wurde er von einem Geschäftsfreund angerufen, der mit Herbert Felix bekannt war: „Ich hab da einen Burschen, der kann Gurken, den, finde ich, solltest du dir anschauen." Donald Thomson und Herbert Felix begannen, sich in Göteborg zu treffen. Sie kamen gut miteinander aus – ein Umstand, der wohl durch Thomsons Migrationshintergrund erleichtert wurde. Seine Mutter war Deutsche, sein Vater Engländer und er selbst war 1919 als zwanzigjähriger britischer Staatsbürger nach Schweden gekommen. Herbert schrieb an Kerstin, während sie sich noch in Prag befand: „Ich wage kaum an Eslöv zu denken, so herrlich würde das sein."

Die Entscheidung

„Unbeirrten Mutes und mit voller Kraft gehen wir der dunklen Zukunft entgegen."

Herbert Felix sehnte sich nach Eslöv, doch es war die Arbeit, die ihn lockte, nicht der Ort.

Er war in einer kleineren Stadt aufgewachsen. Znaim hatte nur ungefähr 30 000 Einwohner, als er die Tschechoslowakei verließ. Aber es war ein lebendiger und bunter Ort. Er hatte in Wien studiert, ganz Europa bereist und eine lebenslange Liebe zu London entwickelt. In Schweden hatte er sich hauptsächlich in der Großstadt Göteborg aufgehalten. Eslöv war weder lebendig noch groß.

Bereits Ende September 1938 hatte Donald Thomson eine formelle Einladung an Herbert geschickt: „Wie erwähnt sind wir sehr daran interessiert, eine Untersuchung zustande zu bringen, inwiefern es hier in Skåne die Voraussetzungen für die Herstellung von Gurkenkonserven geben kann. Es würde uns darum sehr freuen, wenn Sie zum Zwecke einer solchen Untersuchung nach Eslöv kommen würden [...] ohne jede Verbindlichkeit für irgendeine der Parteien."

Herbert fuhr hin. Die Salubrinfabrik imponierte ihm, die Stadt jedoch nicht. Laut Thomson war alles „dabei zu platzen, weil Herr von und zu Felix meinte, sich in Lund niederlassen zu wollen, wogegen sich Ivar Sandberg energisch aussprach".

Am 25. November 1938 bekam Herbert einen Vertrag per Post zugeschickt. Ihm wurde ein Lohn von 6000 Kronen im Jahr und 1040 Kronen für Reisen und Repräsentation angeboten. Die Gurkenabteilung erhielt ein Gesamtbudget von 10 645 Kronen. Im anschließenden Brief schrieb Thomson:

„Die Wohnungsfrage betreffend, dürfte es keinen Zweifel geben, dass es mit bedeutenden Nachteilen verbunden wäre, wenn Sie sich nicht vor Ort niederlassen, und da es Ihnen keine Schwierigkeit bereiten dürfte, eine vollkommen moderne Wohnung zu einem angemessenen Preis zu finden, bedauern wir lebhaft, dass wir von unserer dahingehenden Forderung nicht absehen können."

Herbert Felix sah ein, dass er keine Alternative hatte, und akzeptierte auf der Stelle. Bereits am Tag darauf bekam Thomson einen unterzeichneten Vertrag, für den er sich ein paar Tage später bedankte: „Wir hoffen jetzt bloß, dass es keine Schwierigkeiten von Seiten des Socialstyrelsen mit der Arbeitsgenehmigung geben wird und freuen uns, Sie am 1. Jänner bei uns willkommen heißen zu dürfen. Es ist unsere ehrliche Hoffnung, dass die Zusammenarbeit, die wir beginnen werden, zur beiderseitigen Freude und Zufriedenheit ausfallen wird."

Herbert Felix begann seine Tätigkeit in Eslöv unter einfachen Verhältnissen. Er musste den Keller der Salubrinfabrik benutzen. Die Räume waren eng und mit zwei unförmigen Holzwannen zur Sterilisierung von Blechbüchsen nur mangelhaft ausgerüstet. Die Decke war so niedrig, dass er ständig mit Beulen auf dem Kopf herumlief, obwohl er nicht einmal mittelgroß war. Er ließ sich in der Norrestraße nieder, mitten in der kleinen Stadt, doch Kerstin machte den Umzug nicht mit. Nach ihrer Heimkunft aus der Tschechoslowakei war sie durch Schweden gereist und hatte Vorträge gehalten und um Unterstützung für Europas bedrohte Juden geworben. Sie hatte nicht das Gefühl, etwas erreicht zu haben. Sie wollte vor Ort helfen und überredete einen zweifelnden Herbert, dass sie nach Prag zurückfahren musste. Vielleicht konnte sie Ida, Fritz und Willi rausholen: „Herbert weinte. Ich weinte auch. Ich weinte, weil er endlich verstand […] Ich hatte ja keine Ahnung, wie sehr er um seine Familie litt."
Kerstin erhielt eine Vollmacht von einem Hilfskomitee in Göteborg, um Flüchtlingskinder aus der Tschechoslowakei nach Schweden zu bringen. Um nach Prag zu kommen, musste sie durch Deutschland fahren und dort hatte sie auf der Stelle Probleme. Sie wurde verhaftet und angeklagt, einen falschen Pass verwendet und Hitler verunglimpft zu haben. An der tschechischen Grenze wurde ihr mitgeteilt, sie sei „im Dritten Reich unerwünscht".

Aus Schweden kamen indes „Bestellungen", die sie schockierten. Viele Familien wollten keine jüdischen Kinder annehmen, sondern betonten, dass sie arische bevorzugten. In gewissen Fällen verlangten sie Garantien dafür, dass die Kinder zurückgegeben werden konnten. Doch Kerstin tat, was sie konnte, um ihren Auftrag zu erfüllen, der seltsamerweise in der Geschichtsschreibung zu schwedischen Hilfsaktivitäten kurz vor und während des zweiten Weltkriegs kaum aufscheint. Dass sie wirklich eine Rolle gespielt hatte, bestätigt ein Empfehlungsbrief von Amelie Posse, einer schwedischen Autorin, die sich in Flüchtlings- und Demokratiefragen engagierte.

Amelie Posse war mit dem tschechischen Künstler Oki Brázda verheiratet und wohnte in Prag, wo sie Kerstin kennengelernt hatte. Sie gründete nach ihrer Flucht aus Prag den nazifeindlichen Tisdagsklubb in Stockholm. Sie bezeugte, dass „Frau Kerstin Felix in besonders verdienstvoller Weise mit mir in der Flüchtlingshilfe zusammengearbeitet hat, zuerst in Prag im Winter 1938 bis 1939 und dann in Polen [...] und half entschlossen und einfallsreich einer Anzahl Flüchtlingen aus der Tschechoslowakei."

Anfang 1939 kam Kerstin mit einer Gruppe von Flüchtlingskindern über Polen nach Schweden zurück, aber auch dieses Mal war es ihr nicht gelungen, Ida, Fritz und Willi mitzunehmen. Sie verblieben in Dobřichovic und erwarteten das Unvermeidbare: den deutschen Einmarsch in die restliche Tschechoslowakei.

Ein paar Wochen darauf, am 15. März, fluteten deutsche Truppen über die Grenzen. Böhmen und Mähren wurden zum deutschen Protektorat erklärt. Die Tschechen leisteten keinen Widerstand. In Berlin deklarierte Hitler triumphierend: „Die Tschechoslowakei hat aufgehört zu existieren." Am Abend traf er in Prag ein. Die Slowakei, die einen Tag zuvor die Unabhängigkeit ausgerufen hatte, bekam eine Marionettenregierung unter deutschem „Schutz". Der Verrat von München war vollendet. Der Korrespondent des britischen *Guardian* berichtete:

„Prag, ein trauerndes Prag, erlebte gestern seinen ersten Tag unter deutscher Herrschaft – ein Tag, an dem die Tschechen Genaueres erfahren mussten darüber, was ihre Unterwerfung bedeutete, und an dem die Deutschen gegen

Juden und gegen Menschen, die ‚den Mund zu weit aufgemacht haben‘, ihre Maßnahmen einleiteten."

In Schweden war Kerstin mit ihrem Mann in Eslöv wieder vereint worden. Ihr war todlangweilig in der neuen Wohnung „auf dem großen, öden Platz in der kleinen Gemeinde, die Stadt genannt wurde, aber eigentlich nicht mehr als ein Bahnhof war". Herbert Felix schuftete und setzte, genau wie in Znaim, seine Ehre darin, stets früh in der Fabrik zu sein. Am Morgen des 15. März 1939 kehrte er nach bloß einer Stunde nach Hause zurück. Er stürzte die Treppe hinauf: „Hitler ist im ganzen Land eingefallen!"
Was sollte jetzt mit Ida, Fritz und Willi geschehen? Sie lebten unter äußerst schwierigen Bedingungen – eng, kalt und schmutzig – und waren aller Rechte beraubt worden. Doch die massenhaften Deportationen von Juden hatten noch nicht begonnen. Die Wannseekonferenz zur „Endlösung" sollte erst im Jänner 1942 stattfinden. Vielleicht würden sie es schaffen. Vielleicht sollten sie die Erlaubnis erhalten, nach Schweden zu kommen, worum Herbert und Kerstin bei Socialstyrelsen angesucht hatten.
Am 1. September 1939 stürzte sich Hitler auf Polen, im Osten geschützt durch seinen Pakt mit Stalins Sowjetunion. Großbritannien und Frankreich erklärten den Krieg. Der Weltenbrand war entzündet.
Herbert Felix versuchte seine Sorgen durch harte Arbeit zum Schweigen zu bringen. Zuvorderst galt es, ausreichend Gurken herbeizuschaffen. Sein Geschäftsmodell beruhte auf Pflanzverträgen, bei denen Landwirte rund um Eslöv für nicht mehr als ein paar Hektar unterzeichnen durften. Es war ihm gelungen, aus der Tschechoslowakei Saatgut zu beschaffen, und im Mai wurde die Aussaat begonnen. Die Voraussetzungen hätten besser sein können. Der Frühsommer 1939 war kalt und nass. Zur Erntezeit war ein Teil der Gurken außerdem viel zu groß geworden. Herbert war zornig: „Die geizigen Bauern glauben, dass man mehr Gewicht herausbekommt, wenn man die Gurken wachsen lässt."
Trotz solcher Irrtümer wurden 60 Tonnen produziert. Der Abschluss der Gurkenabteilung für 1939 ergab einen Nettogewinn von 16 200 Kronen.

Das Problem der überdimensionierten Gurken fand eine salomonische Lösung. Sie wurden in Scheiben geschnitten. Ein Felixerfolg war geboren: die Sandwichgurke.

Im Jahr darauf erreichte die Produktion 200 Tonnen und die Räumlichkeiten in der Salubrinfabrik wurden zu klein. Die Herstellung wurde in eine aufgelassene Molkerei verlegt und ein eigenes Unternehmen, P Håkansson Konserver AB, wurde für die Konservenfabrik gegründet. Doch der Betrieb wuchs so rasch, dass auch die alte Molkerei nicht ausreichte, und im Oktober 1940 entschied die Firmenleitung, 600 Kronen auszugeben, um neue Lokalitäten zu finden.

Als Herbert Felix später auf diese erste Zeit in Eslöv zurückblickte, betonte er, was er von Fritz Felix gelernt hatte: „Dafür, dass mein Vater mich in jeder freien Minute durch jedes kleinste Detail seiner Fabrik gehen ließ und ich diese Branche von Grund auf beherrschte, war ich jetzt unerhört dankbar."

Herbert Felix hatte in Eslöv einen guten Start gehabt. Doch via Post wurde er stets an die heikle Lage seiner Eltern und Willis erinnert. Die ersten Briefe aus Dobřichovic, maschinengeschrieben, vermittelten bemüht ein Gefühl von Normalität. Mitte September 1939 teilte Fritz mit, dass „wir es gut haben und hoffen, dass es Gottes Wille ist, dass es uns bald möglich sein wird, einander wiederzusehen", woraufhin er nach der Qualität der schwedischen Gurken fragte. Ida fügte ihre Hoffnung hinzu, dass Kerstin trotz des Kriegsausbruchs bald wieder nach Prag kommen könnte.

Fritz' und Herberts Verhältnis war immer angespannt gewesen und sie waren in Znaim nach einem harten und bitteren Wortwechsel auseinander gegangen. Das plagte nicht nur Herbert Felix, sondern offenbar auch Fritz Felix. Im Herbst 1940 empfing Herbert einen Brief, der ihn inmitten all seiner Sorgen gefreut haben muss. Dieses eine Mal war es ein stolzer – und vielleicht reumütiger – Vater, der zu seinem ältesten Sohn sprach:

„Es freut mich sehr, dass Du mit Deinen Gurken Erfolg hast, und gewiss hast Du Recht, mein lieber Bub, wenn Du schreibst wie gut es gehen muss, wenn

Du optimistisch bist. Wollen wir einen Moment bei dieser Beobachtung verweilen. Sehr oft habe ich gesagt, aber jetzt muss ich es wieder sagen, dass Dein großer Fehler immer war, dass Du zu wenig Selbstvertrauen gehabt hast. So wie Überheblichkeit falsch ist, ist zu geringes Selbstvertrauen genauso falsch. Ich bin kein liebevoller Vater gewesen, und Du weißt sehr gut, dass ich im Gegenteil vielleicht oft zu hart war, doch ich war sehr verärgert darüber, dass Du immer so pessimistisch warst und die anderen überschätzt hast. Ich habe Deine Talente gesehen und kann nur sagen, dass Du guten Mutes sein und zuversichtlich in die Zukunft blicken kannst."

Herbert Felix' Selbstvertrauen wurde von seinen anhaltenden Erfolgen in Eslöv gestärkt. Es lief so gut für Håkanssons Konserven, dass die Leitung 1941 beschloss, eine für das Unternehmen gigantische Investition vorzunehmen, kalkuliert auf 145 000 Kronen. Von Sockerbolaget kaufte Håkanssons die so genannte Saftstation in Eslöv. Dort hatte Sockerbolaget Saft aus Zuckerrüben gewonnen, der über Rohre ins Zuckerwerk von Örtofta gepumpt worden war. Die Konservenproduktion sollte vom alten Molkereigebäude zur Saftstation verlegt werden. Ein weiterer Beweis für das Vertrauen, das Herbert Felix genoss, war, dass das Markenzeichen FELIX inklusive der Katze neben P Håkanssons Konserver AB, dem offiziellen Firmennamen, eingeführt wurde.

Schweden war ein abgeriegeltes Land, in welchem Konsumenten wie Produzenten von Mangel und Rationierung betroffen waren. Daher wurde der einheimische Fruchtanbau zu einem wesentlichen Aspekt der Lebensmittelversorgung während des Krieges – und mit Früchten kannte sich Herbert aus. Große Mengen an Früchten und Beeren wurden von Privatpersonen aus dem ganzen Land mit der Bahn nach Eslöv geliefert: „Sie kamen in Säcken und Körben. Wenn ein Hausbesitzer einen Zwetschgenbaum besaß, schickte er die Zwetschgen zu FELIX."

In den Kriegsjahren richtete sich die Produktion bei Håkanssons mehr und mehr auf Apfelmus, Marmelade und Saft aus und immer weniger auf Gurken und Gemüse. Es herrschte außerdem ein Mangel an Blech und anderem Verpackungsmaterial. Eine eigene Industriekommission kontrollierte die

Materialzuteilung und Konservenblech für Gurken wurde eingezogen. Während des Kriegs kamen drei Viertel des Umsatzes von P Håkanssons Konserver AB auf Frucht- und Beerenprodukte.

Eines von Herbert Felix' ersten großen Geschäften war ein Vertrag mit der schwedischen Armee über eine Lieferung von 650 Tonnen Apfelmus und Orangenmarmelade. 1942 berichtete er dem Aufsichtsrat selbst von dem Geschäft. Durch die Lieferungen an die Armee bekam Håkanssons außerdem zusätzliche Zuckerzuteilungen. Im Vorstand wurde Herbert Felix nicht mehr mit „Herr", sondern mit „Disponent" (Betriebsleiter) angesprochen.

Kerstin gefiel es in Eslöv nicht und Herbert war ständig in der Fabrik. Das zehrte an dem einst so leidenschaftlichen Verhältnis. Kerstin nahm in Stockholm eine Stelle als Sekretärin bei der Antinazizeitung *Trots Allt* an. Ihr Briefwechsel nahm einen zunehmend lauwarmen Tonfall an. Im März schrieb Kerstin an ihren „lieben Herbert" über ihre neue Arbeit, aber vor allem mit diversen Bitten: „Ich wäre dankbar, wenn Du mir eine Seife schicken könntest [...] Die Brotmarken sind auch aus. Es kommen erst neue am 28. und meine letzte habe ich heute verbraucht."

Sie plante ihre Ankunft in Eslöv mit einem Nachtzug am 1. April: „Sobald ich in die Wohnung komme, wäre ich dankbar für Orangen und Zitronen, auch wenn sie gefroren sind. Vitamin-C-Mangel vertrage ich gar nicht."

Einige Monate später schrieb Herbert, um zu erwähnen, dass er geschäftlich in Stockholm gewesen war – offenbar, ohne Kerstin zu treffen. Stattdessen bedankte er sich für ein paar Zeilen von ihr: „Vielen Dank für Deinen Brief, über den ich mich sehr gefreut habe, es ist lange her gewesen, dass ich einen Brief von Dir bekommen habe."

Die Ehe fing an, in allen Fugen zu krachen.

In diesen Jahren Anfang der Vierziger lernte Herbert Ivar M.G. Sandberg, den Aufsichtsratsvorsitzenden, näher kennen. Sandberg war Jurist und Eslövs führende Persönlichkeit. Sie pflegten eine gute und nahe Zusammenarbeit, was laut Donald Thomson damit zusammenhing, dass sowohl Herbert als auch Ivar Sandberg „spekulative Naturen" waren.

Herbert Felix war häufig bei Ivar und Ester Sandberg zu Gast. Dort traf er auch deren sagenhaft schöne Tochter. Sie hieß Maj und war seit 1936 mit dem Stockholmer Zahnarzt Björn Groth verheiratet. Maj sollte Herbert Felix' zweite Ehefrau werden. Kerstin Cruickshank, seine damalige Gattin, ließ später durchblicken, dass Herbert und Maj bereits ein Verhältnis hatten, bevor er aus Eslöv aufgebrochen war, um Soldat der Alliierten zu werden. Wie es sich tatsächlich verhielt, ist unklar, aber Freunde und Angehörige meinen, dass es wohl so war.

Zu dieser Zeit begann Herbert Felix einen nicht grundlosen Ruf als Frauenheld zu bekommen. Er sah gut aus und hatte seine großbürgerliche Erziehung und mitteleuropäische Eleganz – die er so wirkungsvoll eingesetzt hatte, als er Kerstin in Göteborg zum ersten Mal ins Restaurant eingeladen hatte – nach Eslöv mitgenommen. Herbert Felix glänzte in der Konversation. Er grüßte Damen mit Küssen auf die Hand und sogar auf die Wangen. Das stand in Eslöv nicht an der Tagesordnung und weckte sowohl Aufmerksamkeit als auch Misstrauen.

Wivi Peving, Herberts loyale Sekretärin nach dem Krieg, erzählte vom Klatsch, der die Runde machte. Wenn sein Auto vor einem Haus geparkt war, konnte man sich einer Sache sicher sein: dass dort eine schöne Tochter wohnte. „Alle Damen wollten sich in Felix' Sonnenschein wärmen. Er war schrecklich charmant."

Doch auch eine Art von Misstrauen begegnete Herbert Felix. Er wurde als „fremder Vogel" bezeichnet – ein scheinbar unschuldiger Ausdruck, der allerdings zu jener Zeit als antisemitische Markierung benutzt wurde.

Die prodeutsche und nationalsozialistische Stimmung war mächtig in Skåne. Als Herbert 1939 nach Eslöv zog, hatte Sven Olov Lindholms Nazipartei sechzehn Abteilungen im Län Malmöhus. Kein anderes Län [Regierungsbezirk] hatte mehr.

Lund war eine Nazifestung, Malmö eine weitere. In Malmö, einer Großstadt in Skåne, nur ein paar Dutzend Kilometer von Eslöv entfernt, waren die Sympathisanten der Nazis und Deutschland so weit verbreitet und so gut organisiert, dass Harry Hjörne, Chefredakteur der Göteborgs-Post, sie als

„Quislingzentrale" bezeichnete. [Quisling war der Führer der norwegischen NS-Partei.] Im Mai 1939 hielt man eine große Versammlung in Malmö ab, das zum Treffpunkt gewählt wurde, weil „der Vormarsch unserer Bewegung in den letzten Jahren in den südlichen Landesteilen am markantesten gewesen ist". Über eintausend Nazis aus dem ganzen Land marschierten durch die Straßen der Stadt mit Parolen wie „Stoppt die Judeninvasion!"

Diese Stimmungslage war sogar im kleinen Eslöv und auf den Gütern und Gehöften des Umlandes fühlbar. Von der Wohnung auf der Norrestraße konnte Kerstin auf den Hauptplatz hinunterschauen, an dem verschiedene Läden lagen: „Der Kolonialwarenhändler, der ein Vollblutnazi war, konkurrierte mit einem andern Kolonialwarenhändler von eher gedämpfter politischer Färbung."

Doch Ivar M.G. Sandberg war Liberaler, Onkel des künftigen Obmannes der Folkparti, Bertil Ohlin, und überzeugter Nazigegner und Englandfreund. Das trug sicherlich dazu bei, dass er sich für einen jüdischen Flüchtling engagierte. Manche Zeitzeugen erinnern sich auch, dass Sandberg kaum etwas dagegen hatte, dass seine Zusammenarbeit mit Herbert Felix den einen oder andern konkurrierenden Juristen, der Sympathien für Deutschland hegte, irritierte.

Herbert Felix musste die deutschfreundlichen und antisemitischen Ansichten als belastend erlebt haben, auch wenn er daraus während seiner ersten Jahre in Eslöv keine große Sache machte. Freunde und Angehörige erzählen, dass er nach dem Krieg darauf achtete, Distanz zu Personen zu halten, die sich für die falsche Seite ausgesprochen hatten.

Als Herbert Felix bereits drei Jahre in Eslöv war, begann sich das deutsche Kriegsglück zu wenden. Die USA waren nach dem japanischen Angriff auf Pearl Harbor im Dezember 1941 in den Krieg hineingezogen worden. Zum Monatswechsel Oktober/November 1942 wurde Rommel von Montgomery in el-Alamein in Nordafrika besiegt. An der Ostfront hatten sich die deutschen Armeen festgefahren und näherten sich dem entscheidenden Wendepunkt bei Stalingrad. Diese Neuigkeiten freuten Herbert Felix, der über die Zeitungen die militärische Entwicklung genau verfolgte.

Doch aus Zentral- und Osteuropa kamen Berichte von Terror und Massendeportationen von Juden. In Theresienstadt (tschech. Terezín) hatte die SS 1941 ein Transitlager für Gefangene errichtet, die von dort weiter nach Treblinka, Auschwitz und in andere Todesfabriken gebracht wurden. Theresienstadt erfüllte auch eine groteske Funktion als Vorzeigelager, in welchem die Nazis versuchten, Beschuldigungen, sie terrorisierten Juden und andere Volksgruppen, entgegenzutreten.

Der SS-Mann Reinhard Heydrich, Vorsitzender der Wannseekonferenz, war von Hitler zum Reichsprotektor für Böhmen und Mähren ausersehen worden, wo er mit bestialischen Methoden herrschte. Im Mai 1942 wurde ein Attentat auf Heydrich durch tschechische Widerstandskämpfer verübt, die mit Fallschirmen von britischen Flugzeugen abgesetzt wurden. Er starb an seinen Verletzungen. Die blutigen deutschen Racheaktionen kulminierten am 10. Juni 1942, als das Dorf Lidice ausgelöscht wurde.

All dies betraf die Familie Ida, Fritz und Willi Felix in höchstem Grade. Ihre gepflegten, maschinengeschriebenen Briefe wurden von resignierten Botschaften abgelöst, zu Papier gebracht in wackliger Handschrift. Sie warteten darauf, „überführt", also in ein Konzentrationslager verschickt zu werden, klammerten sich jedoch weiterhin daran fest, dass Herbert und Kerstin mit ihren Bemühungen in Schweden Erfolg haben würden.

Die Briefe und die Essenssendungen von Herbert erhielten für sie zunehmende Bedeutung: „Wir warten täglich auf einen Brief von Dir. Doch weder der Brief noch die Fischkonserven sind gekommen."

Am Ostermontag 1942 schrieb Ida in ihrem autodidaktisch erlernten Schwedisch: „Wir wollen beten, dass Gott uns hilft nach Schweden zu kommen [...] Vater will lieber heute als morgen bei Euch sein. Die Überführungen sind im Augenblick eingestellt." Einige Wochen später schrieb sie wieder, um „die betrübliche Mitteilung" zu machen, dass Willis guter Freund Herbert Amadeo an der Ostfront „durch Kopfschuss" gefallen war: „So geht der eine nach dem andern."

Im Mai hatte ein Essenspaket endlich seinen Weg nach Dobřichovic gefunden, und Ida dankte, „das Öl war sehr schmackhaft und nahrhaft", aber beklagte, dass sie noch nichts über die Möglichkeiten gehört hatten, nach Schweden zu kommen: „Leider haben wir in unserer Sache noch immer nicht Bescheid erhalten und sind natürlich ungeduldig."

Herbert Felix hatte sich in Eslöv sehr erfolgreich etabliert. Die Zukunft war gesichert. Doch gerade diese Sicherheit, so verschieden vom Elend und der Hoffnungslosigkeit seiner Eltern und seines Bruders, plagte ihn. Gab es sonst wirklich nichts, was er tun konnte?

Als Herbert Felix nach seiner Flucht im September 1938 erfuhr, dass die Tschechoslowakei mobilisierte, schwebte ihm – wenigstens für eine Weile – vor, zurückzukehren und zu kämpfen. Damals wusste er nicht, welches Schicksal seinen Eltern und Willi bevorstand.

Herbert war natürlich brennender Antifaschist, doch mehr und mehr machte sich auch ein weiteres Gefühl breit, eine weitere Überzeugung, eher persönlich als politisch. Sein Land war besetzt. Die Fabrik der Familie war beschlagnahmt worden. Und jetzt war Hitler dabei, ihm Ida, Fritz und Willi zu rauben. Da fasste er seinen Entschluss.

Am 24. September 1942 schickte Herbert Felix einen Brief an die tschechische Exilregierung in London und meldete sich zum Kriegsdienst. Der Inhalt deutet darauf hin, dass Leutnant Felix sich persönlich in den bewaffneten Kampf einzubringen beabsichtigte: „Ich erkläre hiemit, dass ich als Folge der großen Menge an Offizieren und Reserveoffizieren in der tschechischen Armee bereit bin, als gemeiner Soldat Dienst zu tun."

Seinem Antrag folgte im Oktober ein Empfehlungsbrief nach London, unterzeichnet von Vladimir Kučera, einem tschechischen Diplomaten in Stockholm. Kučera bemerkte, dass Herbert Felix sich „persönlich und unmittelbar" mit einem Besatzungsregime anlegen wollte, das „seine Eltern so viel Leid ausgesetzt hatte" und fügte hinzu: „Was seine politische Zuverlässigkeit betrifft, hege ich nicht den geringsten Zweifel."

Ein Hinweis auf Herbert Felix' Pläne findet sich möglicherweise schon im Protokoll der Aufsichtsratssitzungen von P Håkanssons Konserver im April. Eine „Lebensversicherung für sein Leben auf 100 000 Kronen" wurde dort beschlossen.

Ungefähr ein halbes Jahr später kam ein weiteres Ansuchen an den Vorstand, welches behandelt wurde, als Ivar M.G. Sandberg über Herberts neuen Arbeitsvertrag für die Periode 1942 bis 1952 Bericht erstattete:

„Im Zusammenhang damit erläuterte der Vorsitzende, dass Disponent Felix um Urlaub angesucht hatte für den Fall, dass er von der tschechischen Regierung in London zum Kriegsdienst einberufen werden würde. Der Vorstand bewilligte das Ansuchen von Disponent Felix und trug dem Vorsitzenden auf, wenn die Sache aktuell wird, die nötigen Dispositionen zu treffen, was die Leitung der Firma betrifft, und die Maßnahmen dem Vorstand zur Überprüfung vorzulegen.“

Die Exilregierung von Edvard Beneš war in London angesiedelt. Böhmen und Mähren waren deutsches Protektorat, das das neutrale Schweden anzuerkennen gezwungen war. Wohin sollte Herbert Felix sich wenden? Er kontaktierte die britische Legation in Stockholm, wo er Anfang 1943 die Musterung durchlief.

Herbert Felix wurde nicht einberufen. Er meldete sich als Freiwilliger. Außerdem kümmerte er sich um zwei praktische Angelegenheiten. Zuerst ging es darum, Kerstins Versorgung zu sichern. Sie war dynamisch und furchtlos und Herbert war der Auffassung, sie könnte, während er fort war, in der Firma sehr nützlich sein. Ivar M.G. Sandberg teilte seine Ansicht. Kerstin wurde Verkaufschefin und sollte sich in den nächsten beiden Jahren ständig zwischen Eslöv und Stockholm bewegen. Ingenieur Yngve Rosenqvist wurde zum stellvertretenden Disponenten ernannt. Herberts Lohn wurde zwischen ihm selbst und Kerstin geteilt. In der Geschichtsschreibung rund um das Unternehmen und auch bei Kerstin Cruickshank hieß es, dass sie die Führung übernahm. Ganz so war es aber nicht, wie aus den Vorstandsprotokollen hervorgeht.

Anna Svensson begann ihre Tätigkeit bei Håkanssons Verkaufsabteilung, als der Krieg immer noch im Gange war. Um die sechzig Jahre später hat sie Kerstin deutlich in Erinnerung: „Sie war da, aber es war Rosenqvist, der mein Chef war. Sie fuhr weg und besuchte Kunden, ging ihrer Wege und fragte nie: ‚Wie läuft es, haben wir viele Bestellungen bekommen?‘"

Der andere Schritt, den Herbert Felix tat, war, alles zu notieren, was er über Gemüse, Früchte und Konserven wusste. Es war ein äußerst detailliertes Dokument von 47 Seiten, das „Herbert Felix' Testament" genannt wurde. Er verordnete genau, welche Art von Gurkensamen verwendet werden sollte: Rheinische Landgurke oder Cavallius, absolut nicht die Västeråsgurke, „weil Gurken von diesem Stamm so dick werden, dass sie während der Gärung erweichen". Er informierte darüber, dass die Gurken „in Reihen, die ca. 120 Zentimeter voneinander entfernt sind", gesät werden sollten und dass das „um den 20. Mai herum" passieren sollte. Weiche oder gekrümmte Gurken, die nicht verwendet werden konnten, sollten zu einem Drittel des Preises verkauft werden, doch solche Gurken durften nicht mehr als 10 Prozent einer Lieferung ausmachen.

Er setzte mit diesen Anweisungen Seite für Seite fort, bis er damit schloss, dass „ein Lagerfass von astreinem Kiefernholz von 3000 Litern" besonders geeignet war für Preiselbeeren, Saft und Apfelmus, aber dass das Mus nicht zu warm sein durfte, wenn es in die Wanne geleert wurde.

Es lag in seinem eigenen Interesse, dass der Betrieb während seiner Abwesenheit funktionierte. Bedenkt man den Umfang und Detailreichtum des „Testaments", liegt es nahe, dass er mit diesem Dokument auch das Wissen und die Erfahrungen der Familie Felix für die Zukunft bewahren wollte. Der Einzige, der sich genauso gut auskannte wie er selbst, nämlich Fritz Felix, war von den Nazis zur Vernichtung vorgesehen und Herbert Felix selbst konnte nicht sicher sein, jemals zur Fabrik zurückzukehren.

Dann kamen die letzten Briefe, die letzten Notrufe, aus Dobřichovic nach Eslöv. „Jetzt wird es ernst", schrieb Ida. „Wir machen uns guten Mutes auf den Weg und hoffen weiterhin auf Gottes Hilfe. Bleibt gesund und denkt auch an uns. Willi tut alles für seine Eltern, was er kann. Möge Gott auch ihn schützen. Ich gebe immer noch nicht die Hoffnung auf, euch treffen zu können, meine geliebten Kinder. Inniger Dank noch einmal für Liebe und Fürsorge! Innigst umarme ich Euch in Liebe. Eure Mutter."

Darunter schrieb Fritz: „Wir wissen immer noch nicht, wo wir hinkommen, ob wir nach Theresienstadt kommen oder direkt nach Polen."

Danach notierte er sehr deutlich seine eigene, Idas und Willis „Transportnummer" – als ob er hoffte, dass Herbert kommen würde, um nach ihnen zu suchen:

     A.A.W.1143.

     A.A.W.1144.

     A.A.W.1142.

Willi schrieb an seinen Bruder in Schweden: „Ich bin zum Transportarzt ernannt worden und wir fahren morgen. Vielleicht kann das zum Vorteil der Eltern sein. Jedenfalls verspreche ich, mich bis zum Äußersten um sie zu bemühen und zu tun, was ich kann […] Unbeirrten Mutes und mit voller Kraft gehen wir der dunklen Zukunft entgegen."

Selbst Willi scheint Hoffnungen gehegt zu haben, dass sein Bruder sie tatsächlich retten können würde: „Tu alles, was Du kannst und sei von Herzen gegrüßt."

Herbert Felix war schon unterwegs.

Herbert Felix' Krieg

„Du musst den Juden spielen."

Herbert Felix flog am 10. März 1943 mit einem britischen Kurierflugzeug aus Schweden weg. Es war „ein sonniger Tag mit einem Hauch von Frühling in der Luft", schrieb er in ein kleines blaues Heft, das als Tagebuch ausreichen musste. Er wandte sich, wie in früheren Tagebüchern, direkt an Kerstin: „Und so war der Augenblick gekommen, als ich als letztes Bild von Dir mir Deine kleine, geliebte Silhouette einprägte, als Du ein wenig unbeholfen in der Märzsonne am Östermalmsplatz standest und das V-Zeichen machtest." Er schilderte die bei weitem nicht ungefährliche Reise von Stockholm zu einer Basis der Alliierten in Schottland ausführlich:

„Bei Bromma bekamen wir warme Overalls, Schwimmwesten und Fallschirme, hörten noch einen Polizisten seine Nazisympathien bekunden, was den Abschied aus Schweden erleichterte, ein kurzer Motortest, ein rasender Anlauf und schon lag die Landschaft unter uns genau so, wie ich es bereits so oft auf Luftbildern gesehen hatte. Ich glaubte nicht, dass ich wirklich dabei war, es kam mir die ganze Zeit vor, als ob ich im Kino war. Ich war froh, dass es noch ungefähr eine halbe Stunde hell war über Schweden, ein dunkelblaues Gemälde von Wäldern und Seen, ein herrliches Land war das."

Die Stunden krochen dahin und Herbert war froh darüber, Gesellschaft von sechs „sehr netten Norwegern" zu haben. Nach drei Stunden ging das Flugzeug auf eine geringere Höhe:

„Wir waren anscheinend raus aus der Gefahrenzone und für kurze Zeit wurden die Lichter im Passagierbereich eingeschaltet und wir tranken Kaffee und aßen unsere Brote. Jetzt kam auch die Wärme zurück, das war schön, denn es war unerträglich kalt in der großen Höhe. Nach einer weiteren Stunde wurden die Orientierungslichter an den Flügeln eingeschaltet [...] wir waren also über Freundesland, wenn auch ein Land im Dunkel des Krieges. Das Flugzeug kämpfte jetzt mit Gegenwind und manchmal fühlte man, dass wir in Luftlöcher fielen [...] plötzlich leuchteten ca. 300 Meter unter uns Landelichter [...] wir waren in eine andere Welt gekommen. Die Engländer oder, Entschuldigung, die Schotten, denn den Unterschied nehmen sie selbst sehr genau, waren freundlich [...] wir bekamen Kuchen, Tee und Zigaretten."

Aus Schottland wurde Herbert Felix nach Süden geschickt, ins englische Harwich, wo die tschechische Brigade ihr Hauptquartier eingerichtet hatte. Er muss ziemlich bald erkannt haben, dass er sich an keine der stärkeren Truppen der Alliierten angeschlossen hatte.

Tschechische Piloten hatten während der Luftschlacht um Großbritannien im Sommer und Herbst 1940 wichtige Dienste geleistet, als Hitler gezwungen wurde, „Operation Seelöwe", die Pläne für eine Invasion der britischen Inseln, zu begraben. In diesen entscheidenden Wochen kämpften beinahe 3000 Royal Airforce-Piloten gegen Görings Luftwaffe – und etwa 500 davon kamen aus anderen Ländern. Gut achtzig von ihnen waren Tschechen, wovon zwei, Josef František und Karel Kuttelwascher, unter jenen „Assen" zu finden waren, die die meisten deutschen Flugzeuge abschossen. Piloten aus besetzten Ländern wie der Tschechoslowakei oder Polen kämpften in verzweifelter Raserei und waren in höchstem Grade inbegriffen in Winston Churchills berühmter Huldigung. „Niemals zuvor", sagte Churchill, „haben so viele so wenigen für so viel zu danken gehabt."

Mit den tschechischen Bodentruppen verhielt es sich anders. Als Herbert Felix in Großbritannien ankam, befanden sie sich mitten in einer Phase des Übergangs. Eine mangelhaft ausgerüstete, lose zusammengesetzte und undisziplinierte Truppe sollte in einen echten Kampfverband verwandelt werden. Auf dem Weg dorthin türmten sich die Schwierigkeiten.

Ende Mai und Anfang Juni 1940, als das britische Expeditionskorps aus dem französischen Dünkirchen evakuiert wurde, folgten ihm mehrere tausend tschechische Soldaten nach Großbritannien, wo sie in der Gegend des Schlosses Cholmondeley in Cheshire untergebracht wurden. Vielen von ihnen waren mit den Offizieren unzufrieden sowie mit der Politik der von den Alliierten anerkannten Exilregierung unter Edvard Beneš. Der Molotov-Ribbentroppakt war immer noch in Kraft und die Organisatoren der tschechischen Kommunistischen Partei wiegelten Soldaten gegen die „reaktionäre" Führung auf. Nach einem Besuch von Beneš Ende Juli wurden 500 Soldaten aus der tschechischen Armee ausgeschlossen und von den britischen Behörden interniert. Es verblieben ein wenig mehr als 3000 Mann. Doch die Unzufriedenheit verschwand nicht, sondern breitete sich auch unter den Offizieren aus. Auf Grund ihrer übergroßen Zahl hatte ein Teil von ihnen Aufgaben bekommen, die gewöhnlich von gemeinen Soldaten ausgeführt wurden.

Unter diesen schwierigen Umständen wurde im September 1943 „The Czechoslovak Independent Armoured Brigade Group" ins Leben gerufen. Dieser hatten sich auch tschechische Veteranen aus Nordafrika angeschlossen. Die Brigade sollte eingesetzt werden, nachdem die Befreiung des europäischen Kontinents eingeleitet worden war.

Aus Herbert Felix' Tagebuch geht hervor, dass seine Anfangszeit in England von Ausbildung und Übungen beherrscht wurde. Er wurde im September einem Zug in der Panzerabwehr zugeteilt und zu einem Kurs nach dem anderen geschickt, in denen er lernte, mit Kanonen umzugehen und Panzer zu erkennen. Die Monotonie wurde gelegentlich dadurch unterbrochen, dass der Krieg sich unmittelbar bemerkbar machte: „Dieser Tage hatten wir einen richtigen Bombenangriff. Rund 20 Maschinen nahmen teil […] Es war ein kleinerer Angriff, aber auch den spürt man im Magen."

Er schrieb recht oft nach Schweden, aber die Briefe waren militärischer Zensur unterworfen und enthielten meist persönliche Auskünfte und Reflexionen. In einem Brief an Schwiegermutter Helga in Göteborg verwies der anglophile Herbert Felix auf die britischen Wurzeln der Familie Cruickshank und auf den Schwiegervater, den er nie getroffen hatte: „Glaubst Du nicht, dass er sich gefreut hätte, einen Schwiegersohn in der Armee hier dabei zu haben, wenn er noch leben würde? Wenn Du eine Woche hier wärst, würdest Du verstehen, dass dieses Land niemals den Krieg verlieren kann, schon seiner Frauen wegen. Die englischen Frauen arbeiten unglaublich, um ihren Männern zu helfen, den Krieg zu gewinnen. Deinen Typus trifft man hier überall."

Er erhielt auch Gelegenheit, über Politik zu diskutieren und zusammen mit Kameraden aus anderen Ländern über die Zukunft nachzudenken. Während einer Nachtübung Mitte April lag er unter freiem Himmel und sprach mit einem britischen Unteroffizier, der in Indien stationiert gewesen und aus Dünkirchen evakuiert worden war. „All diesen Soldaten von niedrigerem Rang ist klar, dass es nach dem Krieg großer sozialer Veränderungen bedarf", schrieb Herbert in seinem Tagebuch. „Sie bewundern vorbehaltlos Russland und hassen die Deutschen, überall dasselbe Bild, die Meinung in den verschiedenen Ländern gleicht nicht den Fronten. Selbst hier vernimmt man in bürgerlichen Kreisen häufig die Furcht vor dem Kommunismus und die Rechtfertigung der Deutschen. Gäbe es nicht diese geteilten Meinungen, würde sich der Sieg als viel leichter darstellen, aber so verkompliziert sich die politische Lage wesentlich."

Herbert Felix' Gedanken über soziale Veränderungen waren klarsichtig und zeugen von einer gewissen politischen Sensibilität. Er befand sich in einem Land, das zwei Jahre später in der Parlamentswahl etwa einen Monat nach Kriegsende den Konservativen Winston Churchill durch Clement Attlee, Anführer der Labourparty, ersetzte, der sich für die Verwandlung Großbritanniens in einen Sozialstaat einsetzte.

Zu einigen Anlässen schrieb Herbert Felix auch nach Hause an die Belegschaft in Eslöv. Im Dezember schickte er einen Weihnachtsgruß, der zeigte, dass er an die Fabrik dachte:

„Ich hoffe, dass Ihr Euch nicht den Deutschen beugt, die jetzt mit Zinsen zurückbekommen, womit sie andere gequält haben, und dass Ihr von den

Ereignissen in den Nachbarländern her begreift, dass es eine Befriedigung für mich ist, hier bei der Befreiungsarmee zu sein, obwohl ich mich stärker nach Schweden zurücksehne, als ich es anfangs für möglich gehalten hätte. Wie dem auch sei, wenn ich nicht Pech habe, bin ich nächstes Jahr zu Hause in Eslöv [...] Schickt mir auch den Monatsabschluss, es würde mich interessieren, einen Blick darauf zu werfen."

Im August 1944 wurde die tschechische Brigade, bestehend aus rund 4000 Mann, in Bridlington an der Nordseeküste stationiert, um auf ihre Feuertaufe in Frankreich vorbereitet zu werden, wo die Alliierten am D-Day, dem 6. Juni, gelandet waren.

Es entsteht eine Leere hier, wo die Quellen auf den Mythos um Herbert Felix treffen.

In einer Vielzahl von Zeitungsartikeln über ihn und in Nachrufen nach seinem Tod hieß es, dass er an der „Operation Overlord" teilgenommen hatte. Als Herbert Felix sechzig Jahre alt wurde, berichtete zum Beispiel die Familienseite von Dagens Nyheter, dass er „Hauptmann der Sturmartillerie bei der alliierten Invasion in der Normandie" gewesen sei. Die Quelle dafür kann schwerlich jemand anderer gewesen sein als er selbst.

Wenn Herbert Felix diese vorgeblichen Erfahrungen auch nicht erfunden hatte, so hatte er aber doch auch nichts dagegen, dass man allgemein glaubte, er wäre Teil eines der gewaltigsten und wichtigsten militärischen Unternehmen gewesen, die jemals durchgeführt worden sind.

Es nahmen durchaus Tschechen an der Invasion teil. Wieder waren es die Flieger, die sich auszeichneten. Sie boten den britischen Landetruppen Feuerschutz und jagten deutsche U-Boote im Ärmelkanal. Auch Bodensoldaten aus der Tschechoslowakei waren involviert, allerdings nur als Mitglieder von Verbänden anderer alliierter Länder. Nichts in den Archiven deutet darauf hin, dass Herbert Felix einer von ihnen war.

Erst im September 1944 wurde die tschechische Brigade nach Frankreich geschickt, wo sie zur kanadischen Ersten Armee gehörte, die ihrerseits unter dem Kommando Montgomerys stand. Die Brigade wurde in der Nähe des Dorfes Arromanches an Land gesetzt, das in der Normandie liegt. Paris war zu diesem Zeitpunkt bereits befreit.

Die Stärke der Brigade war begrenzt, also erhielt sie einen begrenzten Auftrag, der darin bestand, die deutsche Garnison in Dünkirchen zu belagern und sie möglichst zur Kapitulation zu zwingen. Die Garnison umfasste ca. 12 000 Mann, die keinerlei Absicht hatten, zu kapitulieren. Die Deutschen verfügten über große Vorräte an Munition und Lebensmitteln und hatten den Stadtkern förmlich in eine Festung verwandelt. Durch die Öffnung der Schleusentore hatten sie außerdem die Umgebung mit Wasser geflutet. Die Kanadier hatten eine Offensive versucht, doch Montgomery benötigte sie, um den strategisch wichtigeren Hafen von Antwerpen zu sichern. Sie wurden von britischen Verbänden abgelöst, die ihrerseits von der tschechischen Brigade ersetzt wurden.

Die Tschechen erreichten Dünkirchen am 6. Oktober 1944 und starteten am 28. Oktober, dem Nationalfeiertag der Tschechoslowakei, ihre erste große Offensive. Der Zweck bestand in der weiteren Erkundung und in der Eliminierung deutscher Stützpunkte. Militärischen Dokumenten zufolge wurden die Ziele erreicht, vor allem dank des Überraschungseffekts, und die tschechische Position war gestärkt. Die harten Gefechte wurden in strömendem Regen ausgetragen. Ein paar hundert deutsche Soldaten fielen.

Bei einem anderen größeren Angriff Anfang November 1944 hatte die Brigade das Ziel, „tiefer einzudringen und die Gegend gründlicher zu säubern". Diese Operation war weniger erfolgreich und das trotz der intensiven Unterstützung durch britische Flugzeuge. Diesmal waren die Deutschen vorbereitet. Kugeln und Granaten prasselten über die Tschechen herein. Nach einigen Stunden wurde der Angriff abgebrochen.

Danach kehrte die Brigade zu ihrem Belagerungsauftrag zurück, der meist kleinere Vorstöße, Aufklärungspatrouillen und Artilleriebeschüsse beinhaltete. So sollte es weitergehen bis zum Kriegsende im Mai 1945, als Vizeadmiral Friedrich Frisius, deutscher Kommandant in Dünkirchen und fanatischer Nazi, die Kapitulationsunterlagen in der Gegenwart von General

Alois Liška, dem tschechischen Brigadechef, unterzeichnete. Dünkirchen war die letzte französische Stadt, die befreit wurde. Im Laufe der Belagerung fielen 167 Tschechen, 461 wurden verwundet und 40 vermisst. Rund 1000 Deutsche verloren ihr Leben.

Aus offensichtlichen Gründen war Herbert Felix' Korrespondenz mit Schweden im Herbst 1944 nicht besonders umfänglich. Doch er schickte einen Gruß an die Firma, der im internen Informationsblatt abgedruckt wurde:

„Das sorglose Leben scheint jetzt wie ein angenehmer Traum. Bis ich mich an das Kriegerdasein gewöhnt hatte, waren es zehrende Wochen. Es brauchte Zeit, bis ich aus der Musik der Front die Töne heraushören konnte, die uns galten. Doch jetzt ist die Gewohnheit da und ich schlafe bestens beim Donnern der Kanonen, wache aber sofort auf, wenn ein Maschinengewehr in meinem Sektor erklingt oder das Telefon läutet […] Der Herbststurm pfeift rund um den Hof, der meinen Kommandostand darstellt, es regnet und es ist dunkel wie in einem Sack. Das richtige Wetter für Nachtaktionen, die an diesem Teil der Front die Hauptaktivität ausmachen. Einmal schlagen sich unsere Patrouillen mit dem Deutschen, ein anderes Mal seine mit uns."

Herbert Felix schrieb, dass er sich darum kümmerte, dass die Verpflegung bei seiner Einheit möglichst hochwertig war:

„Die Flieger, die uns unterstützen, besuchen uns, wenn sie frei haben, die Kommandanten in der Nachbarschaft, der Arzt und der Feldgeistliche und alle andern bleiben gerne zum Abendessen, denn es ist allgemein bekannt, dass es hier in der Küche stets eine kleine Ente oder wenigstens ein Kotelett gibt, und das schätzen alle, als Abwechslung zum Cornedbeef, das sie in ihren Küchen haben. Es war nämlich eine Regel bei meiner Abteilung, dass, wenn wir draußen waren, ohne Deutsche zu erwischen, dann durfte es ein kleines vierbeiniges Schwein [schwed. nasse, was auch Nazi bedeuten kann] sein, das die Burschen mit nach Hause nahmen, sodass das Unternehmen nicht ganz wertlos war."

Aus den Dokumenten in Prags militärhistorischem Archiv geht nicht genau hervor, welche Aufgabe Herbert bei Dünkirchen hatte, doch das meiste spricht dafür, dass er die erste Batterie des tschechischen Panzerabwehrbataillons befehligte, deren Stellung „Herbert" genannt wurde. Das Bataillon unterstützte die Kräfte, die tiefer nach Dünkirchen hinein vorstoßen wollten. Es hatte seine Basis zwischen zwei Kanälen gleich östlich der Stadt. Major A. Sitek war Bataillonskommandant.

Die persönlichen Bewertungen deuten darauf hin, dass Herbert Felix von Anfang an ein besonders geschätzter Offizier war. Während der Ausbildungs- und Trainingszeit in England wurde er als „ruhig und besonnen", „diszipliniert" und „physisch gut trainiert" beschrieben. Nach der Ankunft seiner Brigade in Frankreich wurde er dafür gelobt, „einen guten Einfluss auf seine Untergebenen" auszuüben. Er war „fleißig" und „energisch" und bewies ein „sehr gutes militärisches und persönliches Verhalten". Außerdem besaß er „Organisationstalent". Doch Mitte Dezember änderte sich der Tonfall. Der Vorgesetzte, der früher seine Qualitäten gerühmt hatte, begann sich Sorgen zu machen. Einer Bewertung vom 16. Dezember 1944 nach war der zuvor so energische Herbert „verschwiegen", „unorganisiert" und „nervös" geworden. Ende des Monats war er zurück in England, um bei der Ausbildung neuer Soldaten zu helfen.

Herbert Felix' Freunde und Angehörige in Schweden wussten, dass er sich im Einsatz befand und fürchteten selbstverständlich um ihn. Er schrieb einen beruhigenden Brief an Schwiegermutter Helga in Göteborg: „Ich bin noch für einige Wochen zurück in England, also musst Du Dir wirklich keine Sorgen machen."

Die näheren Umstände gehen aus den Archivdokumenten nicht hervor, doch es ist wahrscheinlich, dass Herbert Felix von Ermattung oder psychischen Problemen im Zusammenhang mit den harten Kämpfen im November betroffen war. Nach dem Krieg sprach er niemals über irgendwelche Einzelheiten seiner Kriegserfahrungen, achtete jedoch darauf, dass man begriff, dass er etwas Fürchterliches erlebt hatte und es hinter sich lassen wollte.

„Von all den erschütternden Erlebnissen, die ich während des Krieges durchmachte, kann ich leider nicht erzählen", sagte er abwehrend in einem Interview 1953.

Herbert Felix musste sich für nichts schämen. Er hatte sich freiwillig gemeldet, sein Leben riskiert und war zum Hauptmann befördert worden. Er konnte sich außerdem mit zwei Medaillen brüsten. Nebst der Medaille, die als Andenken an alle Tschechen ausgeteilt wurde, die mit den Westalliierten oder der Roten Armee gekämpft hatten, erhielt er eine besondere Verdienstmedaille.

Doch seine Einsätze als Soldat waren nicht von der heroischen Sorte, die Kämpfe, an denen er teilgenommen hatte, waren von geringer militärischer Bedeutung, und er hatte einem der erbärmlichsten alliierten Verbände angehört. Es klang einfach besser, dass er ein Veteran des D-Day wäre. Ein solcher Hintergrund war außerdem kaum ein Nachteil bei der Vermarktung der Produkte des Unternehmens. Mit der Zeit verfing er sich so sehr in seinem Normandie-Mythos, dass er nicht mehr davon loskommen konnte.

Am nächsten kam Herbert einem Eingeständnis wohl, als er seiner ältesten Stieftochter Christina Groth erzählte, dass er in der Normandie am 6. Juni 1944 nicht dabei gewesen war. Er behauptete, den einen oder anderen Tag später eingelangt zu sein. Selbst dieser kleine Rückzieher davon, was beinahe zur Lebenslüge geraten war, rief bei Christina Enttäuschung hervor: „Ich war so stolz. Ich glaubte, Herbert sei vom ersten Tag an dabei gewesen, aber nein, es war der zweite Tag."

Im Frühling 1945 sah Herbert Felix endlich eine Möglichkeit, in die Tschechoslowakei zu gelangen. Amerikanische Truppen stürmten vorwärts in Richtung Mitteleuropa und in einem Brief an Kerstin von Ende April 1945, geschrieben in Paris, berichtete Herbert, dass er auf dem Weg „zu einem sehr interessanten Posten" war und dass es nicht mehr „allzu lange" dauern sollte, „bis Du mich in Prag besuchen kannst". Einige Tage später schrieb er wiederum an Kerstin und begann damit, dass Hitlers Tod gerade bekannt gegeben worden war und er darum „ein herrliches Gefühl" hatte. Er sagte weiter: „Jetzt hoffe ich bloß, dass ich bald meine Eltern und Willi treffen kann, damit ich ihr Leben in Ordnung bringen kann."

Herbert Felix sollte tschechischer Verbindungsoffizier bei General George S. Pattons dritter amerikanischer Armee werden.

Ein ungeduldiger und frustrierter Patton stand an der tschechoslowakischen Grenze. Er hatte jede Möglichkeit, auf Prag vorzurücken. Doch die Lage war empfindlich.

Beim Gipfeltreffen im sowjetischen Jalta im Februar 1945 waren Roosevelt, Stalin und Churchill im Prinzip über die Neuordnung Europas nach dem Sieg einig geworden. Deutschland sollte in vier Besatzungszonen eingeteilt werden. Im Hinblick auf die befreiten Länder Ost- und Mitteleuropas war der Status Polens die heikelste Frage. Es war Hitlers Angriff auf Polen 1939 gewesen, der Großbritannien und Frankreich dazu gebracht hatte, den Krieg zu erklären. Roosevelt, darum bemüht, die Sowjetunion in den Endkampf gegen Japan zu bringen, vermied eine Konfrontation mit Stalin, während Churchill sich auf den Balkan konzentrierte. Der berühmte – oder eher berüchtigte – Fetzen Papier mit den Prozentzahlen zum Einfluss in diversen Ländern, den Churchill 1944 Stalin in Moskau gezeigt hatte, betraf Rumänien, Griechenland, Jugoslawien, Ungarn und Bulgarien.

Was sollte mit der Tschechoslowakei und mit der tschechischen Demokratie geschehen? Die Sowjetunion würde bedeutenden Einfluss im Land haben. Doch wieviel? War es selbstverständlich, dass Prag von der Roten Armee eingenommen werden sollte?

Die militärische Führung der Briten machte Druck auf Dwight D. Eisenhower, der amerikanische Oberbefehlshaber der Alliierten solle Patton die tschechische Hauptstadt befreien lassen. Das amerikanische Außenministerium teilte diese Ansicht: Die Tschechoslowakei sollte nicht vollständig in sowjetische Hände fallen. Harry Truman, der nach Roosevelts Tod im April US-Präsident geworden war, fragte den Generalstabschef George C. Marshall um seinen Rat, der die Frage an Eisenhower weitergab. Dieser entschied, dass Prag der Roten Armee gehörte. Genau wie die gesamte Militärspitze der Alliierten war er davon überzeugt, dass sich fanatische Nazis zu einer Götterdämmerung in den Alpen versammelt hatten. Pattons Armee sollte für diesen Kampf aufgespart werden. Das war ein krasser Irrtum. Eine solche Konzentration deutscher Kräfte existierte nicht im Geringsten.

Am 4. Mai 1945 gab Eisenhower ein wenig nach und gestattete Patton, die tschechische Grenze zu überschreiten, jedoch nicht weiter als bis Pilsen, das umgehend eingenommen wurde. General Omar Bradley, Eisenhowers engster Vertrauter, war besorgt darüber, dass der unberechenbare Patton die Befehle in den Wind schießen würde. Er rief Patton an: „Du hörst, was ich sage, George, bleib stehen, zum Teufel!"

Anfang Mai 1945 erhob sich die tschechische Widerstandsbewegung in Prag in der Überzeugung, dass die Amerikaner unterwegs wären. Patton appellierte an Bradley: „Um Gottes Willen, diese Patrioten in der Stadt brauchen unsere Hilfe. Wir haben keine Zeit zu verlieren." Patton schlug sogar vor, sich unerreichbar zu machen und dann Bradley von einer Telefonzelle in Prag zurückzurufen. Bradley sagte nein.

In den allerletzten Tagen des Zweiten Weltkriegs wurden Tschechen von deutschen Truppen massakriert. Die amerikanischen Kräfte konnten – oder durften – nichts tun, um das Blutbad zu stoppen. Patton schrieb kurz vor seinem Tod im Dezember 1945: „Ich war sehr verärgert, da ich der Ansicht war und immer noch bin, dass wir weiter bis an die Moldau hätten vorstoßen sollen, und wenn es den Russen nicht gefallen hätte, dann zur Hölle mit ihnen."

Am 7. Mai 1945 kapitulierte die deutsche Wehrmacht im alliierten Hauptquartier in Reims. Am Tag darauf um 23.01 Uhr mitteleuropäischer Zeit verstummten die Waffen. Für die Westalliierten war der 8. Mai der „VE-Day", der „Victory in Europe Day". Doch Stalin bestand auf einer weiteren Kapitulationszeremonie im sowjetischen Hauptquartier in Berlin und deshalb verschoben sich die sowjetischen Siegesfeiern auf den neunten Mai.

Herbert Felix wurde als tschechischer Verbindungsoffizier beim fünften Korps der amerikanischen dritten Armee, die Pilsen eingenommen hatte, eingeteilt. Wann genau er sich den Amerikanern angeschlossen hatte, ist unklar. Die Dokumente im Prager militärhistorischen Archiv, die diese Operationen betreffen, sind wegen Wasserschäden unzugänglich. Aber er musste der symbolischen Speerspitze von 150 Tschechen angehört haben, die im Mai 1945 unter der Führung von Major Sitek, Herberts Dünkirchener Bataillonskommandanten, zur dritten Armee geschickt worden waren. Herbert Felix war einer der ersten tschechischen Soldaten, die im Westen über die Grenze gingen und mit Begeisterung und Dankbarkeit von ihren Landsleuten begrüßt wurden.

Bei vielen Tschechen sollte die Freude bald der Sorge um die Zukunft des Landes weichen. Bald nach dem Einmarsch der Roten Armee begann der sowjetische Sicherheitsdienst tausende Personen zu verhaften, die nach der Revolution 1917 aus Russland geflohen waren und denen die tschechoslowakische Staatsbürgerschaft gewährt worden war. Die meisten verschwanden für immer.

Herbert hatte einen zentralen Posten bei den Amerikanern inne und musste die politischen Realitäten, die die Zukunft der Tschechoslowakei bestimmten, gut verstanden haben. Znaim lag in sowjetisch kontrolliertem Gebiet, in welchem alle Industriebetriebe auf der Stelle politisch zuverlässige Führungen erhalten hatten. Doch er begab sich während seiner ersten Wochen als alliierter Offizier in der Tschechoslowakei nicht in seine Geburtsstadt. Sein wichtigstes Ziel war Theresienstadt.

Am 29. Mai 1945 erreichte Herbert Felix Theresienstadt. Dort erwartete ihn die erschütternde Nachricht, dass Ida, Fritz und Willi im September 1944 nach Auschwitz verschickt worden waren. Am nächsten Tag schrieb er nach Hause an Kerstin: „Du kannst Dir vorstellen, dass es ein Schock für mich war, da ich doch darauf eingestellt war, sie in Theresienstadt zu finden. Ich hatte eine Menge Schokolade, Süßigkeiten, Champagner etc. bei mir. […] Ich wollte meine Eltern wie die Könige aus ihrem Gefängnis geleiten."

Herbert Felix erfuhr, dass Willi als Arzt in dem Lager gearbeitet und eine Krankenschwester geheiratet hatte, die ebenfalls nach Auschwitz geschickt worden war. Herbert schrieb über seinen Bruder: „Willi wurde in liebevoller Erinnerung behalten und die Mädchen erzählen mir, dass er ein so netter Mann war, dass er ziemlich mager war und in den letzten Jahren an

Tuberkulose litt, doch nachdem er sich eine Zeitlang ausgeruht hatte, arbeitete er wieder im Krankenhaus. "

Herbert Felix sah ein, dass die Möglichkeit, seine Familie in Polen lebendig anzutreffen, unwahrscheinlich war, weigerte sich jedoch, alle Hoffnung fahren zu lassen:

„Für ältere Personen war die Chance in Auschwitz zu überleben sehr gering, und sie wurden üblicherweise dorthin geschickt, um getötet zu werden. […] Ich hoffe bloß, dass sich Willi dort nicht krankmeldete, denn auch kranke Menschen wurden getötet. Es gibt eine kleine Chance, dass meine Familie durchgekommen ist, weil die Russen zu dieser Zeit ziemlich nahe waren. […] Aber ich bin eine Liste von geretteten Tschechen in Auschwitz durchgegangen und sie waren nicht dabei. "

Herbert Felix war nicht bloß bestürzt, als er diese Zeilen schrieb. Er war außer sich:

„Wie es derzeit aussieht, haben wir den Krieg ein paar Monate zu spät gewonnen und meine einzige verbleibende Aufgabe ist es, der Rächer meiner Familie zu werden, und ich habe, bei Gott, die Mittel dazu […] Ich habe auch einiges über die Menschen in Dobřichovic in Erfahrung gebracht und werde mich so bald wie möglich dorthin begeben, um alles Eigentum, das sie behalten haben, zurückzuverlangen. Auch sie sollen ihre Strafe bekommen. "

Knapp eine Woche später schickte er einen weiteren Brief an Kerstin, in dem er wiederholte, was er in Theresienstadt erfahren hatte, falls der erste sie nicht erreicht haben sollte. Darin setzte er eine Art Schlusspunkt hinter „seinen Krieg": „Persönlich fühlt es sich an, als hätte ich den Krieg verloren. Für mich kam der Sieg wohl zu spät. "

Da wusste er noch nicht, dass die folgende Mitteilung an seine Heimatadresse in Eslöv gesendet worden war: „Die staatliche Ausländerkommission hat die

Ehre mitzuteilen, dass das Königlich Schwedische Generalkonsulat in Hamburg telefonisch unterrichtet worden ist, dass von Seiten der Kommission keine Hindernisse vorliegen dagegen, die Einreiseerlaubnis für Ida und Fritz Felix betreffend einen Aufenthalt im Land für drei Monate auszustellen."

Die Bemühungen, die Eltern nach Schweden zu bekommen, waren zuletzt erfolgreich. Doch als der Beschluss kundgemacht wurde, am Todestag Hitlers, dem 30. April 1945, waren sie tot.

Erst am 25. März 1946 wurden Ida und Fritz Felix von den polnischen Behörden für tot erklärt. Für Willi geschah dasselbe am 20. April 1947. Aus einer Angabe Herberts bei der westdeutschen Botschaft in Rom 1966 geht hervor, dass der offizielle Todestag der Eltern auf den 12. April 1945 festgelegt worden war und derjenige Willis auf den 28. April 1945. Es muss sich um bürokratisch begründete Datumsangaben handeln, da Auschwitz im Jänner 1945 von der Roten Armee befreit worden war. Am wahrscheinlichsten ist, dass Ida und Fritz Felix direkt zur Gaskammer gebracht worden waren. Willi könnte sie für eine kurze Weile überlebt haben. Die genauen Todestage bleiben unbekannt.

Drei Viertel der Familie Felix aus Znaim waren Teil einer grauenvollen Statistik: von insgesamt 357 000 Juden in der Tschechoslowakei vor dem Krieg wurden 277 000 im Holocaust ermordet.

Kerstin war nicht in Eslöv, um Herberts verzweifelte Briefe zu lesen. Ohne sein Wissen hatte sie sich mit einer norwegischen Unterstützungsmission nach Prag begeben. Sie hatte außerdem einen Auftrag von einer amerikanischen Hilfsorganisation, American Joint Distribution Committee, Hilfslieferungen an die befreiten Lager zu arrangieren. Dieser Einsatz kann als Ausläufer der Aktion *Vita bussarna* (dt. Weiße Busse) bezeichnet werden – einer Rettungsoperation, die in der Endphase des Krieges vom Schweden Folke Bernadotte geleitet wurde.

Kerstins Mentor war der norwegische Diplomat Niels Christian Ditleff, von dem die ursprüngliche Idee zu *Vita bussarna* stammte. Ditleff war ein ebenso engagierter wie mutiger Mann, der in seiner Eigenschaft als Ältester und

Doyen des diplomatischen Korps in Warschau 1939 eine vorübergehende Waffenruhe mit den Deutschen ausgehandelt hatte, damit die ausländischen Repräsentanten die polnische Hauptstadt würden verlassen können. Ditleff, der 1956 starb, wird in Norwegen verehrt, aber in Schweden übersehen. Erst in der gründlichen Historie zu *Vita bussarna* von Dozent Sune Persson aus dem Jahr 2002 erhielt Ditleff – und ebenso Kerstin Cruickshank – deutliche Anerkennung vor einem schwedischen Publikum. Sie retteten viele Leben.

In Prag wurden Kerstin und der Chef der norwegischen Mission, ein temperamentvoller Fliegeroffizier russischer Abstammung namens Wsewolod Bulukin, von Edvard Beneš und seiner Frau Hanna eingeladen. Das Präsidentenpaar war aus dem Exil zwar in eine befreite Tschechoslowakei zurückgekehrt, jedoch merkbar unsicher, was die Zukunft betraf. Hanna Beneš sagte zu Kerstin: „Es sind andere Mächte, die am Ruder sind. Mein Mann und ich kennen unsere Stellung nicht."

Die Präsidentengattin erzählte außerdem, dass sie Herbert in London getroffen hatte: „Er war so optimistisch und war sicher, eines Tages seine Eltern zu befreien."

Auch Kerstin begab sich nach Theresienstadt. Sie kam ein paar Tage nach Herbert Felix dorthin und erhielt dieselbe schockierende Auskunft wie er. Zurück in Prag suchte sie ihren Mann über das Radio und bat ihn, zum Hotel Alcron zu kommen, wo sie saß und wartete. Der Stundenzeiger kroch auf elf Uhr abends zu. Gerade als sie aufstand, um auf ihr Zimmer zu gehen, trat ein Mann in Uniform ins Foyer und sah sich um. Es war Herbert. Ihr erstes Treffen nach zwei Jahren wurde ein Wiedersehen und ein Abschied. Sie blieben die ganze Nacht auf und sprachen sich aus. Kerstin sah, wie Herbert seinen Ehering drehte und drehte: „Was hätte Papa Freud dazu gesagt?" In dieser Nacht endete praktisch ihre Ehe.

Der Zerfall hatte schon länger gedauert und während des Krieges hatten sie einander betrogen. In London hatte er eine Affäre mit Olga gehabt, einer schönen Ballerina von der Prager Oper und gelangweilten Ehefrau eines tschechischen Obersts, der sich ständig im Feld befand. Es ging nicht um einen bestimmten Seitensprung Herberts. Zu Hause in Schweden hatte

Kerstin den Liebesbrief einer verheirateten Frau gefunden, die darauf wartete, dass er zurückkam.

Kerstin hatte ein Liebesverhältnis mit Wsewolod Bulukin begonnen. Doch er war nicht der einzige neue Mann in ihrem Leben und sie tat auch nichts, um das zu verbergen.

Anna Svensson, die im Jänner 1945 in der Auftragsabteilung von Håkanssons in Eslöv zu arbeiten begann, wurde an einem ihrer ersten Arbeitstage zu Kerstin nach Hause in die Norrestraße zu einem Treffen gerufen. Als sie hinkam, öffnete Kerstin ihr im Nachthemd. In der Wohnung saß der Direktor eines bekannten Werbebüros im Morgenmantel und Pyjama: „Dort stand ich wie ein Dummchen. Ich fühlte mich so dumm. So etwas hat es noch nicht gegeben. Die Leute glauben einem kaum, wenn man das erzählt."

Herbert war vom grauenvollen Schicksal seiner Familie am Boden zerstört und niedergeschlagen über den Zusammenbruch seiner Ehe. Er bereitete sich darauf vor, nach Schweden zurückzukehren, die Leitung von Håkanssons Konserven zu übernehmen und ein neues Leben aufzubauen. Sein Kapitel als Österreicher endete 1918. Nun war auch sein tschechisches Kapitel abgeschlossen. Doch vor der Heimreise nach Eslöv verblieb ein letzter persönlicher Auftrag.

Die Kindheitsfreunde Fritz Buchberger und Herbert Felix hatten sich in Znaim getrennt, als Herbert die Tschechoslowakei 1938 verlassen hatte. Fritz war zuerst als Reservist der tschechischen Armee mobilisiert worden, wurde aber nach dem Münchner Abkommen Bürger in Hitlers Großdeutschland und bei Kriegsausbruch schließlich einberufen. In einem Interview fast fünfzig Jahre später erzählte er von seiner Machtlosigkeit: „Wie sollte ich Soldat sein in Hitlers Armee?"

Fritz Buchberger hatte keine Wahlmöglichkeiten. Er wurde an die Ostfront geschickt und befand sich im Herbst 1942 in Stalingrad: „Da wurde mein Leben dadurch gerettet, dass ich die Gelbsucht bekam und im Dezember evakuiert wurde."

Nach dem Kriegsende schlug sich Fritz nach Znaim durch, schwer mitgenommen von der Gelbsucht und der Ruhr. Dort wurde er in ein russisches

Disziplinierungs- und Arbeitslager gesteckt. Er war nicht nur ehemaliger deutscher Soldat, er war außerdem Kapitalist. Die Lederfabrik der Familie Buchberger hatte einen neuen Chef bekommen – bestellt von den Russen.

Im Juni 1945 begab sich Herbert Felix nach Znaim und wurde vom Bürgermeister empfangen, der eine Rede für ihn hielt. Drinnen im Rathaus merkte er, dass er sich äußerst heimisch fühlte. Nach einer Weile begriff er, warum: Oberhalb des Kopfes des Bürgermeisters bemerkte er ein Bild, das daheim bei seinen Eltern gehangen hatte. Als er das erzählte, nahm der Bürgermeister das Gemälde ab und überließ es ihm. Das war der einzige Gegenstand aus dem Heim der Eltern, den er mit nach Schweden nehmen konnte.

Herbert Felix versäumte nicht, sich über das Schicksal Fritz Buchbergers zu informieren, und erfuhr so, dass der Kindheitsfreund in einem Lager in der Nähe gefangen gehalten wurde. Herbert wollte Fritz herausbekommen, begab sich allerdings erst dorthin, nachdem er sich vergewissert hatte, dass Fritz keinerlei Kriegsverbrechen verdächtigt wurde.

Fritz Buchberger erzählte selbst, was dann geschah: „Plötzlich eines Tages im Gefangenenlager, während ich schwer krank im Bett liege, kommt eine Delegation fremder Offiziere zu Besuch. Mein Glück überstieg jede Beschreibung, als ich plötzlich entdeckte, dass einer von ihnen Herbert Felix war! Er flüsterte mir zu, mir nichts anmerken zu lassen, während er sich bemühte, die Russen dazu zu bringen, mich gehen zu lassen."

Fritz hatte Herbert seit sieben Jahren nicht mehr gesehen. Er war benommen und wurde von seinen Kriegserfahrungen heimgesucht. Außerdem hatten sie sich auf verschiedenen Seiten befunden in jenem Krieg, der gerade erst zu Ende gegangen war. Fritz fragte Herbert, ob er ihm wirklich vertrauen könnte. Herbert blickte sich in dem elenden Lager um und fragte Fritz, ob er denn irgendeine Alternative hätte.

Herbert Felix war ein geübter Unterhändler und so gelang es ihm, die Lagerleitung zu überzeugen, dass Fritz Buchberger augenblicklich als Dolmetscher in Pilsen gebraucht werden würde. Die Freilassungsbescheinigung ist erhalten, vom Lagerkommandanten unterzeichnet und mit dem 30. Juni 1945 datiert. Daraus geht hervor, dass Fritz Buchberger unter der Bedingung freikam, innerhalb von 24 Stunden in die amerikanische Besatzungszone nach Bayern überstellt zu werden.

Doch stattdessen versteckte ihn Herbert Felix in seinem amerikanischen Quartier in der Tschechoslowakei und bat Kerstin um Hilfe, ihn aus dem Land zu bekommen und nach Schweden zu bringen. Es war nicht gerade selbstverständlich, dass eine norwegische Organisation einem ehemaligen deutschen Soldaten beistehen würde, aber Bulukin war dabei: „Das regeln wir!"

Nun blieb bloß noch die Frage zu klären, wie Fritz Buchbergers wahre Identität verborgen werden konnte auf einem Weg durch Europa, der teilweise durch sowjetisch besetztes Gebiet verlief. Herbert hatte die Lösung, erinnerte sich Fritz Buchberger 1988: „Du musst den Juden spielen", sagte er. „So wurde ich ein Jude, gekleidet in englische Uniform, und fuhr mit den Bussen über mehrere Konzentrationslager und landete zuletzt in einem Sammellager in Hamburg."

Aus Hamburg schickte Fritz Buchberger einen Brief an seine Mutter, in dem er berichtete, dass er in Sicherheit und von „Herbert F." aus dem Lager befreit worden war: „Alles geschah wie in einem Traumnebel, weil ich 39 Grad Fieber hatte."

Im Dezember 1945 erhielt er eine Einreiseerlaubnis nach Schweden, unterzeichnet von Folke Bernadotte. Herbert Felix hatte ihm Arbeit in Eslöv verschafft und Fritz Buchberger war in seinem ersten Fremdenpass als „Konservenfabriksarbeiter" angeführt. Doch derjenige, auf den die entscheidende Intervention zurückging, war Niels Christian Ditleff, der gute Verbindungen zu den schwedischen Behörden hatte. Dass er eingriff, hing ohne Zweifel damit zusammen, dass Fritz Buchberger und Ditleffs Tochter Caroline sich verliebt hatten. Sie heirateten und blieben sehr enge Freunde von Herbert.

Caroline Ditleff-Buchberger erinnert sich an eine für Kerstin fürchterliche Episode: „Kerstin war auf irgendeine Art zu Fritz Felix' Uhr gekommen. Sie zeigte sie mir. Sein Name war eingraviert. Sie wollte sie Herbert als Versöhnungsgeste übergeben. Nach ein paar Tagen wurde die Uhr gestohlen. Sie war vollkommen verzweifelt."

Im August 1945 wurde Herbert Felix abgemustert. Sein Krieg war vorbei. Nun warteten Frieden und Erfolg in Eslöv auf ihn.

Erfolg

„FELIX konserviert, ihr profitiert.“

Am 15. September 1945 war Herbert Felix zurück im Dienst bei P Håkanssons Konserver AB. Er kam nicht einfach zurück in die Fabrik in Eslöv: Er übernahm sie.

Das Personal und lokale Würdenträger hatten sich bei den Toren versammelt. Die Flaggen Schwedens, der Tschechoslowakei und Großbritanniens waren gehisst. Herbert traf in Uniform ein und erklärte auf der Stelle, dass er trotz seiner ungeeigneten Kleidung die Anlage inspizieren wollte. Einer der Anwesenden erinnerte sich, dass er „wie üblich“ auf die Details einging. Herbert reagierte insbesondere auf Haufen von Gurkenresten, die weggeworfen werden sollten, und wunderte sich, dass es nicht irgendeine Art gäbe, sie sinnvoll zu verwenden. Das war der Impuls für einen Prozess, der schließlich zu einem der bekanntesten Produkte des Unternehmens führen sollte: die gehackte Bostongurke.

Herberts private Umstände waren weniger erfreulich. Kerstin war zusammen mit Wsewolod Bulukin, ihrer neuen Liebe, in die Wohnung in der Norrestraße eingezogen. Kerstin und Bulukin bekamen im Oktober des Jahres darauf ihren Sohn Gunnar, wohnten jedoch weiterhin bei Herbert Felix, der bei der Betreuung des Neugeborenen half.

„Bei einem Treffen war Felix so müde, dass er dabei war, einzuschlafen“, erzählt Anna Svensson. „Wir fragten, was nicht stimmte, und er antwortete, dass er die ganze Nacht lang auf gewesen war, um Gunnar zu wiegen, der plärrte und nicht einschlafen wollte.“

Die Situation war unhaltbar und nach einer Weile besorgte Herbert Felix gleich außerhalb Eslövs eine andere Unterkunft für Kerstin und ihre neue Familie.

Dass sich Herbert so lange mit diesem bizarren Arrangement abfand, hing damit zusammen, dass er – damals und für den Rest seines Lebens – eine

Dankesschuld gegenüber Kerstin empfand. Sie hatte alles in ihrer Macht Stehende unternommen, seine Eltern und seinen Bruder aus der Tschechoslowakei herauszuholen, und hatte gemeinsam mit Bulukin geholfen, Fritz Buchberger nach Schweden zu retten.

Doch in erster Linie beschäftigte Herbert anderes, woran er denken musste. Er hatte große Pläne für die Fabrik.

Herberts erster Schritt nach der Heimkunft war es, die ursprüngliche Ausrichtung wiederherzustellen, die man in den Bereitschaftsjahren aufgegeben hatte. Die Gurke wurde wieder zum vorherrschenden Produkt und die Pflanzung auf Vertrag, die 1939 eingeführt worden war, wurde bis 1946 von 40 auf 100 Hektar mehr als verdoppelt.

Doch Gurken und Essigeinlegung genügten Herbert nicht. Mit dieser Produktion als Grundlage wollte er sich dem widmen, wozu er während der Tätigkeit unter seinem Vater in Znaim niemals die Möglichkeit gehabt hatte: den Betrieb weiterzuentwickeln, zu erneuern, zu verbreitern.

Seine Chancen, die Firma zu steuern, verbesserten sich 1947 erheblich. Die Form der Stiftung war kein geeignetes Eigentumsmodell für eine wachsende Industrie mit Bedarf an Kapital. Herbert Felix und Ivar P Håkansson kauften die Aktienmehrheit. Im Gefolge dieser Verschiebungen wurde Herbert Felix Generaldirektor, während Sandberg Aufsichtsrats-Vorsitzender blieb.

Einen Teil des Geldes für den Aktienkauf besorgte sich Herbert in der Tschechoslowakei, wohin er Ende 1946 gereist war, um seine Angelegenheiten in Ordnung zu bringen. Da er am Krieg gegen Nazideutschland teilgenommen hatte, betraf ihn ein besonderes Gesetz für Volkshelden, das es ihnen ermöglichte, beschlagnahmtes Eigentum zurück zu erlangen. Das war kein einfaches Unterfangen. Eigentum, das die Nazis konfisziert hatten, wurde nach Kriegsende vom tschechoslowakischen Staat übernommen. Deshalb musste Herbert darum ansuchen, dass das Besitzrecht an die Familie Felix zurückgehen sollte, deren einziger Überlebender er war. Nach einem komplizierten Prozess mit umfassendem Schriftwechsel bekam er Zugang zu den Gebäuden. Er verkaufte sie sofort.

Im Dezember schrieb er an Kerstin: „Betreffend die Fabrik in Znaim habe ich diese jetzt zurückbekommen und sie auf der Stelle an den einzigen Käufer Kooperativa verkauft [...] so wie die Verhältnisse dort unten sind, gibt es für mich keine Möglichkeit, die Gebäude zu behalten."

Indem er die alte Fabrik der Familie verkaufte, durchschnitt Herbert die letzten materiellen Bande mit der Tschechoslowakei. Im September 1946 war er außerdem schwedischer Bürger geworden. Doch in einer Hinsicht hielt er jahrelang an seinem alten Heimatland fest: Er fuhr Tatraplan, ein tschechisches Auto. Später ging er zum britischen Rover und von dort zu Volvo über. Unter keinen Umständen setzte er sich in einen Mercedes.

Ähnlich wie viele andere schwedische Firmen war Håkanssons von politisch verursachten Schwierigkeiten betroffen. Das rein sozialdemokratische Kabinett, das im Sommer 1945 die Konzentrationsregierung der Kriegsjahre abgelöst hatte, betrachtete die wirtschaftlichen Aussichten pessimistisch. Der neue Handelsminister Gunnar Myrdal, Vorsitzender der Kommission für ökonomische Nachkriegsplanung, hatte 1944 das einflussreiche Buch *Varning för fredsoptimism* (dt. *Warnung vor dem Friedensoptimismus)* herausgegeben, in dem er prophezeite, dass die USA „früh genug in Depression und Massenarbeitslosigkeit verfallen werden". Alle Bemühungen, die Weltwirtschaft zu stabilisieren, wurden als zum Scheitern verurteilt angesehen. Die Politik wurde darauf ausgerichtet, die Nachfrage anzukurbeln, um einer Arbeitsplatzkrise im Gefolge des erwarteten Konjunkturabschwungs entgegenzuwirken.

Die Fehleinschätzung war gravierend. Die Wirtschaft entwickelte sich in genau entgegengesetzter Richtung. Statt eines Nachfragemangels erlebte Schweden einen Nachfrageüberschuss und zunehmenden Inflationsdruck. Die Leistungsbilanz verschlechterte sich und dic schwedischen Währungsreserven schrumpften mit beunruhigender Geschwindigkeit. 1947 wurde die Krise akut. Die Regierung antwortete mit der Verschärfung von Regulierungen, die nach dem Krieg beibehalten worden waren. Bestimmte Rationierungen wurden wieder eingeführt unter anderem jene von Kaffee.

Die Kontrolle der Investitionen wurde verstärkt und der Import Gegenstand totaler Regulierung.

Es herrschte praktisch Bauverbot. Das war ein Problem für wachsende Industriebetriebe wie Håkanssons. Der Produktionsumfang wuchs, das Unternehmen musste seine Anlagen ausbauen, doch die Baugenehmigung wurde ihm verweigert. Ein anderes beschwerliches Hindernis war der Blechmangel. Dazu kamen Schwierigkeiten, neue Maschinen, allen voran aus den USA, zu importieren.

Zum Jahreswechsel 1948/49 veränderte sich die Situation radikal. Das war das Ergebnis der zielstrebigen Arbeit von Herbert Felix. Er hatte eine Möglichkeit entdeckt, die er dank seiner Kontakte beim amerikanischen Militär ausnützen konnte.

Schweden hatte schmerzlichen Bedarf an harter Währung, vor allem Dollars, weshalb die Regierung besondere Prämien für den Export eingeführt hatte. Unternehmen, die in harter Währung bezahlt wurden, erhielten Belohnungen in Gestalt zusätzlicher Zuteilungen und Quoten. Herbert Felix informierte den Aufsichtsrat darüber, dass die Unternehmensleitung daher „jede Anstrengung, solche Exportaufträge zu bekommen" gemacht hatte, um auf diese Weise „uns Blech, Maschinen und Baugenehmigungen zu beschaffen". Das Ergebnis war ein Großauftrag der amerikanischen Besatzungsmacht in Deutschland, ungefähr im Wert von einer halben Million Dollar. Lieferungen von unter anderem Dosen mit Hering oder Käse aus Eslöv sollten dafür verwendet werden, Deutsche in amerikanischem Dienst zu versorgen. Herbert legte dar, welche Vorteile das beinhaltete:

„Auf Grund dieser Geschäfte haben wir bisher ca. 300 Tonnen Blech erhalten, als Extrazuteilung über unsere feste Quote von 60 Tonnen hinaus, Baugenehmigungen im Umfang von 200 000 Kronen sowie Importgenehmigungen für amerikanische Maschinen für insgesamt 13 000 Dollar. Außerdem ist unsere Grundquote für die Blechzuteilung mit Gültigkeit vom 1. Jänner 1950 auf 150 Tonnen anstelle der bisherigen 60 Tonnen erhöht worden."

Das machte sich in den Umsatzzahlen bemerkbar. Håkanssons Umsatz hatte sich während der letzten beiden Kriegsjahre auf etwa zwei Millionen Kronen belaufen. Am Übergang von den Vierzigern zu den Fünfzigern näherte er sich zehn Millionen Kronen.

Überhaupt interessierte sich Herbert für den Export und internationale Verbindungen. Bei LÖW & FELIX in Znaim war er im Auslandsgeschäft tätig gewesen und in Schweden verstand er es, einen wichtigen Unterschied zwischen der Konservenbranche und der übrigen Lebensmittelindustrie auszunutzen. Jene, mit geringerem Anteil von Primärgütern und höherem Grad an Bearbeitung, war nicht durch Regulierungen und Grenzschutz eingeschränkt, die andere auf Landwirtschaft basierende Produktion betrafen. Das Geschäft mit der amerikanischen Besatzungsmacht in Deutschland war bloß der Anfang des neuen Fokus auf den Export.

Das eigentliche Markenzeichen FELIX erlitt nach dem Krieg allerdings einen Rückschlag. Die gezeichnete Katze, die in verschiedenen Fassungen seit 1868 die FELIX-Dosen geziert hatte, konnte nicht länger als Symbol des Unternehmens verwendet werden.

Kurz nach dem Ersten Weltkrieg hatte der amerikanische Trickfilmzeichner Otto Messmer für den Filmproduzenten Pat Sullivan eine Katzenfigur mit dem Namen Felix geschaffen. Anfang der Zwanzigerjahre, vor dem Durchbruch von Walt Disneys Mickey Mouse, wurde *Felix the Cat* die beliebteste Zeichentrickfigur in den USA. Für die Tagespresse zeichnete Messmer einen Comic mit derselben Katze in der Hauptrolle und während des Zweiten Weltkriegs wurde *Felix the Cat* für die amerikanische Propaganda verwendet. Es entstand ein Streit um die Rechte auf die Katze Felix zwischen Håkanssons in Eslöv und dem Pressesyndikat Bulls. Håkanssons wurde gezwungen, die Katzenfigur zu entfernen und für die Jahre 1939 bis 1945 20 000 Kronen Schadenersatz an Bulls zu bezahlen.

Herberts Familienname Felix konnte indes nicht in Frage gestellt werden. Die Katze lebte außerdem für einige Jahre in Håkanssons Logo durch einen listigen Streich weiter: der Name Felix wurde in der Mitte einer Form platziert, die stark an einen Katzenkopf erinnerte. Erst 1955 ging die Firma zu jenem Logotypus über, der heute verwendet wird: „FELIX" mit weißen Buchstaben auf rotem Grund. Die Inspiration holte man sich vom amerikanischen Bildmagazin *Life*.

Als Herbert Felix Generaldirektor wurde, begann, was sich als ein etwa zehn Jahre anhaltendes goldenes Zeitalter der Eslöver Fabrik beschreiben lässt. Zugleich veränderte sich seine Rolle innerhalb des Betriebs. Er war immer noch in erster Linie Unternehmer, engagierte sich jedoch mehr und mehr im Marketing – einem Feld, in dem er durch seine extrovertierte Veranlagung glänzen konnte. Alle Gelegenheiten wurden ausgenutzt, um das Interesse an den Produkten der Firma zu steigern.

Nach der Wiedereinführung der Kaffeerationierung 1947 antwortete Håkanssons mit einer Werbekampagne: „Apropos Kaffeerationierung: Laden Sie den nächsten, der vorbeikommt, auf Saft und Wasser ein – mit Felix' echtem Natursaft."

Selbst Herbert Felix' dramatisches Leben wurde zu PR-Zwecken verwendet. Zeitungsartikel über ihn pflegten mit spannenden Zusammenfassungen eingeleitet zu werden. „Herbert Felix ist ein *Skåning* [dt. Skane] mit Leib und Seele", schrieb *Expressen* und führte weiter aus: „Einstmals hatte er einen tschechischen Pass und kämpfte an der Seite der Engländer im Zweiten Weltkrieg [...] Als Hitler kam, steckte Herbert Felix Papas Gurkenrezept in die Tasche und haute ab in das Vaterland seiner Frau und zu Eslövs Essig."

Nach der Überwindung der beschwerlichen ersten Nachkriegsjahre konnte Schweden dank seiner unversehrten Industrie und Infrastruktur aus dem US-finanzierten Wiederaufbau Europas und der internationalen Hochkonjunktur – unter anderem dem nach Ausbruch des Koreakrieges 1950 anbrechenden „Koreaboom" – Vorteile ziehen. Die Produktentwicklung in Eslöv verlief in fieberhaften Rhythmen. Das Vorbild waren die USA, wo einfach und bequem zu kochendes Essen, „convenience foods", einen Durchbruch erzielt hatte. Herbert war von amerikanischen Ideen beeinflusst und auch seine erste längere Auslandsreise als Generaldirektor ging in die USA, wo er sich „eingehende Informationen über die Lebensmittelgesetze und Importbestimmungen" verschaffte.

Anfang der Fünfzigerjahre lancierte man Fleischgerichte in Dosen, zum Beispiel Fleischbällchen, Fleischravioli und *pytt i panna* [dt. „winzig in der

Pfanne", Resteessen der schwedischen Küche aus Kartoffeln, Zwiebeln, Speck und Spiegelei]. Gebratene Fleischbällchen wurden extra für den amerikanischen Markt entwickelt. Die Suppenproduktion wurde 1953 eingeführt, insbesondere die Rindfleischsuppe aus Eslöv machte sich beliebt. Herbert initiierte auch den Champignonanbau im Gewächshaus auf dem Fabriksgelände. Um 1960 hatte FELIX 220 verschiedene Artikel im Angebot, doppelt so viele wie der Hauptkonkurrent Findus in Bjuv.

Bei einer Verkaufskonferenz im Jänner 1952 legte er dar, unter welchen neuen Bedingungen die Vermarktung zu geschehen hätte: „Die gesamte Verkaufstechnik hat sich kräftig verändert, speziell was Konsumgüter angeht. Ein Verkäufer kann nicht mehr die Sorte Vertreter sein, der als Charmeur einen Großhändler oder Einzelhändler dazu bringt, unsere Waren zu kaufen. Zu den Minimalanforderungen an unseren Verkäufer von heute gehört, dass er die Kunden wirklich informieren kann."

Als Beispiel wählte er Fleischbällchen. Die Konkurrenz behauptete, dass FELIX-Dosen zehn Prozent weniger Inhalt hätten. Dieser belastenden Aussage sollte mit gründlicher Information begegnet werden: „Sie müssen in aller Schärfe deutlich machen, dass der so genannte Gewichtsunterschied den andern gegenüber darin besteht, dass die anderen ca. 70 Gramm mehr Sauce, d. h. Wasser, drinnen haben als wir. Wenn ein Großhändler andere Fleischbällchen kauft als unsere, beruht das nur darauf, dass wir unser Produkt nicht richtig vermarktet haben."

Bei solchen Verkaufstreffen – ob intern oder extern – war Herbert Felix ganz in seinem Element: redegewandt, inspirierend und konkret. Man sagte, er könne praktisch alles verkaufen. Wivi Peving, die 1949 seine Sekretärin wurde, war manchmal bei den Auftritten ihres Chefs dabei: „Er hätte Schauspieler werden sollen, finde ich. Er war ein phantastischer Redner mit einer phantastischen Fähigkeit, seine Worte zu wählen. Man konnte es nicht lassen, ihm zuzuhören. Und er wusste es."

Herbert Felix wurde zum Star des Unternehmens, nach innen wie nach außen. Der alte Firmenname, P Håkanssons Konserver AB, geriet mehr und mehr in den Hintergrund. Am 20. Oktober 1954 war diese Symbiose zwischen

Person und Tätigkeit vollendet: Die Firma änderte den Namen und wurde als AB FELIX registriert.

Der Heimatmarkt war selbstverständlich wichtig und unter den großen Kunden fand sich auch die schwedische Armee, zu welcher Herbert Felix bereits während der Kriegsjahre engen Kontakt hatte. Manchmal wurden zehntausende Wehrpflichtige als Testesser für die neuen Artikel im Sortiment verwendet. Doch in Zeitungsinterviews aus dieser Periode hob Herbert Felix den Export hervor: „Wir exportieren Produkte in großem Umfang, außer Gurken noch z. B. 1,5 Millionen Dosen Fruchtsalat – Pfirsiche, Marillen, Äpfel, Stachelbeeren und Kirschen."

Die Exportgeschäfte boten ihm die Möglichkeit, Freunden und den wenigen entfernten Verwandten, die er in Mitteleuropa noch hatte, beizustehen. Die Art, in der er das tat, war ebenso frech wie durchdacht, und es geschah nicht ohne ein gewisses Zögern. Wivi Peving, eine der wenigen Eingeweihten, erzählte, wie das ablief: „Wir schickten einen Haufen Sachen in Konservendosen in die Tschechoslowakei, die keine Konserven waren. Sie enthielten Geld oder leicht eintauschbare Sachen. Das war keine große Fuhre und wurde äußerst diskret behandelt. Man sprach nur genau dann davon, als es passierte, dann war es vergessen. Er war sehr hilfsbereit."

Herbert Felix leistete seinen Beistand nicht bloß mit Geld und Schmuggelware in Konservendosen. Unter den Dokumenten in seinem Nachlass findet man Rechnungen für Flugtickets inklusive der Gebühr für zu schweres Gepäck, ausgestellt auf Freunde in Znaim, ebenso wie Belege für Überweisungen an Privatpersonen in Österreich.

Ein Grund für diese Hilfsleistungen waren die niederschmetternden Nachrichten aus seinem alten Heimatland.

Nach seinen bitteren Erfahrungen mit dem Münchner Abkommen 1938, als Frankreich und Großbritannien ihn im Stich gelassen hatten, war Präsident Edvard Beneš ein größerer Einfluss der Sowjetunion willkommen. Doch ahnungslos glaubte er, dass dies innerhalb des Rahmens der Demokratie möglich wäre. Innenpolitisch stand er unter schwerem Druck der Kommunistischen Partei, die bei der Wahl 1946 erfolgreich gewesen war. Doch als Stalin im Jahr darauf der Tschechoslowakei verbot, am amerikanischen Marshallplan teilzunehmen, schwand die Unterstützung für die Kommunisten rapide. Jetzt hatten sie es eilig. Im Februar 1948 rissen sie durch einen Putsch die Macht an sich. Außenminister Jan Masaryk, Tomáš Masaryks Sohn, beging „Selbstmord", doch das meiste deutete darauf hin, dass er aus einem Fenster geworfen worden war. Beneš trat im Juni 1948 zurück, nachdem er sich geweigert hatte, die neue Verfassung zu unterzeichnen, und starb im September desselben Jahres als gebrochener Mann.

Die Folgen des Prager Putsches gestalteten sich nicht ganz so, wie Stalin kalkuliert hatte. Im amerikanischen Kongress wurden die letzten Hindernisse für den Marshallplan beseitigt. Die USA entschieden sich endgültig, die Verteidigung Westeuropas zu übernehmen. Großbritannien, Frankreich und die USA konsolidierten ihre deutschen Besatzungszonen mit der Zielsetzung, ein demokratisches Westdeutschland zu erschaffen.

Wieder griffen weltpolitische Ereignisse in Herbert Felix' Dasein ein. Als die Gegensätze zwischen Ost und West in einen neuen Krieg übergingen, nämlich in den Kalten Krieg, stieg die amerikanische Nachfrage für Lebensmittellieferungen nach Deutschland. Das war der Hintergrund der großen Bestellung der US-Besatzungstruppen. Es war eine Ironie des Schicksals, dass der kommunistische Putsch in der Tschechoslowakei, Herbert Felix' altem Heimatland, dazu beitrug, seiner Firma in Eslöv einen fliegenden Start in die fünfziger Jahre zu ermöglichen.

Herbert Felix hatte allen Grund, dafür dankbar zu sein, sich in Schweden zu befinden. Er stammte aus dem Sudetenland, er hatte auf Seiten der Westalliierten gekämpft und er war von jüdischer Geburt.

In Folge der so genannten Beneš-Dekrete, die bis heute die tschechischen Beziehungen mit Deutschland und Österreich belasten, wurden etwa drei Millionen Sudetendeutsche aus der Tschechoslowakei vertrieben, unabhängig davon, ob sie Nazisympathisanten waren oder nicht. Nach dem Putsch in Prag wurden Tschechen, die der Royal Air Force oder der tschechischen Brigade angehört hatten, Verfolgungen und Schikanen ausgesetzt. Die neuen

Machthaber waren gegenüber Juden besonders misstrauisch. Drei Viertel der tschechischen Juden, die den Holocaust überlebt hatten, flohen nach dem Putsch aus der Tschechoslowakei. 1951 begann ein Schauprozess gegen Rudolf Slánský und mehrere andere führende jüdische Kommunisten. Sie wurden 1952 wegen angeblicher Verbrechen gegen den Staat zum Tode verurteilt.

Ein für die Konservenbranche typisches Problem, mit dem Herbert Felix zu ringen hatte, war der stark saisonale Charakter des Betriebs. Die Produktion war von Beginn an auf Gurken ausgerichtet, die über keinen längeren Zeitraum gelagert werden können. Das brachte eine intensive Arbeitsperiode im Sommer und Anfang Herbst mit sich. Für den Rest des Jahres waren die Beschäftigungsmöglichkeiten begrenzt. Zahlreiche Mitarbeiter wurden regelmäßig in unbezahlten Urlaub geschickt und er zog daraus die korrekte Schlussfolgerung, dass die Lösung darin bestand, das Sortiment durch Waren zu verbreitern, die ganzjährig hergestellt werden konnten.
Gunnar Andersson war seit 1948 bei der Fabrik in Eslöv angestellt und erinnert sich beinahe sechzig Jahre später daran, wie Herbert Felix eine Belegschaftsversammlung einberief und versprach, etwas gegen die unsichere Situation zu unternehmen: „Da haben wir angefangen, Suppen und Fleischkonserven zu produzieren. Das war die Wende für uns."
Besondere Bedeutung bekamen in Essig eingelegte rote Rüben, die unter den FELIX-Produkten bald den zweiten Platz hinter den Gurken einnahmen. Die Saison für rote Rüben begann im September am Ende der Gurkensaison und sie konnten auch länger als Gurken gelagert werden.
Dem Zeugnis von alten Freunden und Mitarbeitern nach zu urteilen, kümmerte sich Herbert Felix um das Personal und hatte ein offenes Ohr für die Bedürfnisse und Wünsche der Angestellten. Er ging morgens in der Fabrik umher und aus dem Büro, das er im „Turm", dem höchsten Teil der alten Saftstation, hatte einrichten lassen, behielt er das Umfeld im Auge. Es wird erzählt, dass er eines Tages beobachtete, wie einer der Arbeiter den Kopf hängen ließ, und er, nachdem er diesen fragte, erfuhr, dass der niedergeschlagene Mann

mitten in einer schlimmen Scheidung steckte. Er wollte weiter mit den Kindern im Haus wohnen, doch seine Gattin bestand auf ihrem Anteil, den auszuzahlen er sich nicht leisten konnte. Herbert Felix verschaffte ihm das Geld.

Gunnar Andersson betont, wie viele andere auch, die in der Fabrik arbeiteten, dass sich ihr oberster Chef nicht vor physischer Arbeit scheute: „Eines Tages, als ich dort noch ganz neu war, war ich dabei, mich mit den Gurkenkörben abzuplagen. Plötzlich merkte ich, dass mir jemand beim Heben half. Ich sah auf und es war Herbert Felix."

Anna Svensson hat ähnliche Erinnerungen an die frühen Jahre. Herbert Felix' hochfliegende Pläne beeinträchtigten seinen bodenständigen Sinn für Details nicht: „Meistens hielt er sich unten in der Fabrik auf. In weißem Kittel und Gummistiefeln radelte er jeden Tag um vier Uhr zum Büro, um mit mir Rechnungen zu prüfen. Er war kein hohes Tier in dem Sinn, dass er sich über irgendjemanden stellte."

Die Belegschaft wuchs in raschem Takt: von 190 Beschäftigten 1950 bis zu etwa 1200 Beschäftigten 1961. Während der Fünfzigerjahre wurde die Fabrik zum mit Abstand größten Industriearbeitgeber vor Ort. Vier von zehn Industriearbeitern in Eslöv waren damals bei AB FELIX beschäftigt. Dies war auch eine Periode wachsender Arbeitsmigration und Herbert Felix, selbst ein Einwanderer, hielt die Fabrikspforten offen für Europa. Der Österreicher Edvin Wopenka kam 1953 als Vorarbeiter zur Eslöver Fabrik. Er erinnert sich daran, während seiner Zeit beim Unternehmen Chef von Angehörigen achtzehn verschiedener Nationalitäten gewesen zu sein.

Selbstverständlich standen wirtschaftliche Erwägungen hinter der Expansion, jedoch nicht ausschließlich. Herbert Felix betrachtete es geradezu als seine Schuldigkeit, die Firma wachsen zu lassen. Er hob die Dankbarkeit hervor, die er Schweden gegenüber empfand, „welches Ausländer mit größerem Vertrauen und mehr menschlichem Respekt aufgenommen hatte als irgendein anderes Land auf der Welt". Er war selbst einer von ihnen und wollte deshalb „die Gastfreundschaft damit vergelten, etwas aufzubauen".

Trotz dieser umsichtigen und verantwortungsvollen Züge blieb Herbert Felix mitunter auch als extrem cholerischer Unternehmensführer in Erinnerung.

Er konnte sich unverschämt verhalten und manchmal rundwegs die Besinnung verlieren, wenn etwas nicht funktionierte. Beinahe alle, die unter ihm gearbeitet haben, bezeugen plötzliche Wutausbrüche und einen schnellen Wechsel seiner Laune.

Anlässlich des 50-jährigen Jubiläums 1989 versammelte sich eine Gruppe von Pensionisten, um der Mitarbeiterzeitung von den alten Zeiten zu erzählen. Nicht wenige berichteten von Herberts Temperament. Einmal streikte die Etikettiermaschine, als Marmeladegläser für den Export bedruckt werden sollten. Keiner wusste, wie man den Fehler beheben sollte. Herbert Felix verlor die Fassung: „Er brüllte herum, fluchte und schimpfte. Er schlug seine kleinen Fäuste in die Maschine. Das tat natürlich weh. Da wurde er noch wütender. ‚Das hier können wir nicht nach England exportieren‘, schrie er, ‚nein, nicht einmal nach Tomelilla!‘"

Ein eingewanderter FELIX-Veteran mit deutscher Muttersprache konnte sich erinnern, dass Herbert Felix ihn auf Deutsch ausschimpfte, aber Schwedisch mit ihm sprach, wenn er bei guter Laune war.

Auch Anna Svensson musste Herberts weniger sympathische Seite erleben:

„Einmal sprach ich am Telefon mit einem der Vertreter, auf den er wütend war. Er nahm den Hörer und begann zu schreien. Dann nahm er meinen Stift und schmiss ihn geradewegs auf die Wand. Ich stand auf und ging hinaus. Da ging er mir nach und sagte: ‚Es gefällt Ihnen nicht, wenn ich auszucke?‘. ‚Nein, ich finde, der Herr Disponent sollte sich nicht in solcher Weise betragen.‘ Da strahlte er wieder wie der Sonnenschein."

Jedoch, so Anna Svennsson, waren es nur männliche Mitarbeiter, die von Angesicht zu Angesicht von ihm ausgeschimpft wurden. Frauen behandelte er mit Respekt und Freundlichkeit.

Dennoch erinnern und erinnerten sich die meisten mit Wärme an Herbert. Sein Chauffeur Oskar Tapper fing sich ordentliche Rüffel ein, wenn er nicht pünktlich war, und gab ein haarsträubendes Beispiel in einem Interview, als er 1976 in Pension ging, war aber zugleich darum besorgt, Herbert Felix'

Qualitäten herauszustreichen: „Impulsiv war er schon, aber er war freundlich, er war herzensgut."

Und zuletzt, nach vielen Stunden Arbeit, begann die Etikettiermaschine wieder zu funktionieren, wie sie sollte: „Da weinte Herbert Felix und bat alle um Entschuldigung."

Bei seiner Jagd auf neue Produkte hatte sich Herbert Felix früh für die Bearbeitung von Kartoffeln interessiert und hier gab es wiederum militärische Anknüpfungspunkte. Während der Bereitschaftsjahre hatte das Heer Schwierigkeiten, seine Verbände mit Kartoffeln, einer Grundfeste schwedischer Kost, zu versorgen. Kartoffeln brauchen viel Platz und sind außerdem frostempfindlich. Die Amerikaner hatten dasselbe Problem, entwickelten jedoch gegen Kriegsende ein Kartoffelpulver. Nun wollte das schwedische Militär eine vergleichbare Produktion im eigenen Land in Gang bringen. Das Anforderungsprofil war klar und beinhaltete unter anderem, dass das Pulver drei Jahre gelagert werden können sollte, dass das Kartoffelgewicht auf ein Siebtel zu reduzieren wäre und dass der Nährwert dem der rohen Kartoffel zu entsprechen hätte.

Genau zu diesem Zweck engagierte Herbert Felix 1948 Sixten Holmquist als Chef der Entwicklung. Holmquist, ein brillanter Dreißigjähriger, der in Lund organische Chemie studiert hatte, war während des Kriegs innerhalb der Heeresverwaltung mit Lebensmittelfragen beschäftigt gewesen und hatte die Behandlung von Kartoffeln in den USA vor Ort sehr aufmerksam beobachtet. Er hatte Herbert Felix persönlich kennengelernt und war für die Bedürfnisse der Fabrik in Eslöv wie maßgeschneidert. So begann eine enge Zusammenarbeit, die für das Unternehmen unerhört große Bedeutung erlangen sollte.

Es war Sixten Holmquist, der schließlich jenem Produkt Gestalt gab, das nach einem internen Namenswettbewerb als „Bostongurke" vermarktet wurde. Dieser schwedische Klassiker mit amerikanisiertem Namen, erwachsen aus der Irritation über die Verschwendung von Gurkenresten, wurde bei der Verkaufskonferenz 1952 präsentiert. Holmquist erzählte davon, wie man im

Laufe von mehreren Jahren bei aussortierten Gurken „die Schönheitsfehler eliminiert" hatte, indem man sie einfach in kleine Teile zerhackte. Das Ergebnis war in der gewohnten FELIX-Manier getestet worden: „Unsere Versuchskantine waren 50 000 Mann, nämlich die schwedische Armee, die unsere Produkte erhalten hatte, im völligen Bewusstsein dessen, dass wir experimentiert hatten."

Das Heer benutzte die gehackten Gurken als „geschmacksstimulierendes Mittel" zu Gerichten wie gebratenem Fisch und Bratwurst und Holmquist konnte berichten, dass die Reaktionen „sehr positiv" ausgefallen waren.

Doch es waren die Kartoffeln, die Sixten Holmquist aus Stockholm nach Eslöv geführt hatten, und 1951 wurde eine besondere Anlage für Kartoffelpüree errichtet, die eine Kapazität von fünf Tonnen Pulver pro Tag besaß. Die wichtigste Herausforderung war, den Wassergehalt zu verringern. Kartoffeln bestehen zu drei Viertel aus Wasser und in Eslöv wurde eine Technik entwickelt, mit der mittels großer Hitze und Luftzufuhr der Wassergehalt auf acht Prozent reduziert werden konnte. Die Wärmequelle der Maschine war ein unförmiger Kessel von einem verschrotteten britischen Zerstörer. Herbert Felix hatte das außerirdische Ding mit Hilfe seiner militärischen Verbindungen beschafft.

Mit Ausnahme einiger Lieferungen nach Westberlin waren die schwedischen Streitkräfte der einzige Kunde, doch Herbert Felix und Sixten Holmquist verstanden bereits frühzeitig, dass das Potential noch weitaus größer war. 116 Kilo pro Person war der Jahresdurchschnittsverbrauch von Kartoffeln in Schweden. Ein enormer Markt wartete darauf, erobert zu werden.

Die Geschichte mit der Beteiligung des Militärs funktionierte als hervorragendes Verkaufsargument in der Zeit des Kalten Krieges. Das Kartoffelpulver wurde im doppelten Sinn ein spannendes Produkt. Es gelang Herbert, die Zeitung anbeißen zu lassen:

„Und wie der Fürst in seinem Königreich zeigte er die heimlichste Abteilung der Fabrik, die sogar mit Polizeiwache abgesperrt war, seit diesen Frühling einige Unbefugte sich dort Zutritt verschafft hatten. Dort werden militärische Geheimnisse hergestellt – ein Kartoffelpüree [...] Bisher haben die Streitkräfte alles bekommen, was die Fabrik hat liefern können. Aber nach Weihnachten, wenn die Kartoffeln fad und schlecht werden, wird auch der Lebensmittelhandel Packungen für den normalen Konsumenten haben. Das wird die große Neuheit auf diesem Markt diesen Frühling."

Eine noch größere Kartoffelfabrik wurde 1954 fertiggestellt. Sie hatte die vierfache Kapazität. Dort wurden vier Kilo Kartoffeln auf 450 Gramm Pulver, PeM, reduziert, das in Wasser und Milch aufgelöst werden sollte. Eine Zubereitung, die früher 45 Minuten gedauert hätte, wurde auf 20 Sekunden verkürzt. Niemand in Schweden hatte zuvor etwas Ähnliches versucht und die Püreefabrik in Eslöv war weiterhin die einzige im Land.

„Das Kartoffelpulver kann zur Revolution in der Küche führen", schrieb Expressen im Dezember 1953 in einer Betrachtung zu der „explosiv wachsenden Konservenfabrik in Eslöv". Aus dem neuen Pulver konnte man „das feinste Kartoffelpüree" machen, versicherte die Zeitung: „Zeitsparend, lecker, ideal für die gehetzte Hausfrau. Wann? Der Tag steht nicht fest, aber es dauert nicht mehr lange, bis es bereit ist, sich auf dem schwedischen Markt auszubreiten."

Sixten Holmquist besorgte die Technologie, während Herbert als Verkäufer und Vermarkter glänzte. Herbert kitzelte die Neugier der Presse, indem er einen Umsturz in der Küche versprach, und als PeM endlich fertig war, ausgeliefert zu werden, schickte er motorisierte Küchengeschwader aus, die im Land herumfuhren und die Neuheit vorführten. In der Kinowerbung wurde PeM, mit Hinweis auf den Vorreiter des Kartoffelanbaus in Schweden, als „die größte Revolution im Kartoffelanbau seit Jonas Alströmers Zeit" bezeichnet.

Kaj Persson, der später PR-Chef bei FELIX wurde, arbeitete damals für Reymersholms Livsmedel. Noch immer erinnert er sich an ein Verkaufstreffen zu PeM, wo ein enthusiastischer Herbert vor Großhändlern in Malmö sprach: „Das war eine der besten Präsentationen, die ich je gehört habe. Sie war makellos."

Aber PeM war kein Erfolg beschieden. Diesmal stellten die Konsumenten höhere Anforderungen als die Armee. Der Prozess war nicht ausreichend entwickelt. Die Stärke in den Kartoffeln wurde während der Produktion zerstört und bei der Zubereitung verwandelte sich das eingerührte Pulver zu etwas, das an Tapetenkleister erinnerte. Das entdeckten Anna Svensson und andere Angestellte ziemlich rasch: „Wir bekamen die Pakete übers Wochenende mit nach Hause und ich weiß noch, wie ich kochte und rührte und rührte. Das war nicht mehr als Klebstoff. Am Montag fragte ich die anderen, ob sie es geschafft hätten. Nein, das konnte man nicht essen."

Das PeM-Debakel bedeutete allerdings einen wichtigen ersten Schritt. Mit dieser Erfahrung als Ausgangspunkt, mit einer besseren Behandlung der Ausgangsstoffe und mit Expertenhilfe aus den USA sollte Pulverpüree von FELIX in den Sechzigerjahren zum Erfolgsprodukt werden. Herbert ließ niemals den Gedanken los, die schwedischen Kartoffelgewohnheiten zu ändern: „Wir behandeln Kartoffeln immer noch wie zu Alströmers Zeit. Das geht nicht."

Es wurde nichts mit der Kartoffelrevolution 1954. Stattdessen gab es eine Tomatenrevolution 1956.

Neue Essgewohnheiten nach dem Zweiten Weltkrieg – Pasta, Reis, Hamburger – erhöhten die Nachfrage nach Tomatenketchup in Schweden. Der Amerikaner Henry Heinz, der sich die Idee von einer ostasiatischen Gewürzsauce geholt hatte, hatte 1876 das moderne Ketchup kreiert. Die Marke, die seinen Namen trug, wurde zum Marktführer auch in Schweden.

Bei FELIX in Eslöv war Tomatenketchup eines jener Produkte, die verwendet wurden, um Beschäftigung und Arbeitslast gleichmäßig über das Jahr zu verteilen. Von der Herstellung her war es kein großer Schritt. Ketchup beinhaltet Essig und passte damit in die traditionelle Produktion des Unternehmens, doch Herbert Felix erkannte schon von Anfang an, dass die rote Sauce ein Verkaufshit werden könnte. Bereits 1952 bemerkte er, dass das Ketchup „einen allzu niedrigen Umsatz hatte, und dass wir versuchen sollten, ihn um jeden Preis zu steigern".

FELIX-Ketchup wurde in Glasflaschen verkauft wie bei Heinz. Mit Ketchup im Glas war es schwer, genau die gewünschte Menge herauszubekommen. Nach einem Besuch in den USA hatte Sixten Holmquist eine Idee, die sich perfekt in den Zeitgeist fügte. Die Fünfziger waren das Jahrzehnt des Plastiks, symbolisiert durch die Behälter der amerikanischen Firma Tupperware für die Lagerung von Lebensmitteln im Haushalt. Warum nicht Ketchup in Plastikflaschen verkaufen, die sich zusammendrücken ließen?

Bei der Lancierung 1956 warf Herbert die große Werbemaschine an: „FELIX' neues Tomatenketchup – eine Geschmackssensation."

Es war – zumindest anfangs – der Geschmack, der das neue Produkt verkaufen sollte, nicht die Verpackung. Der Grund war, dass Ketchup in Plastik mancherorts als unerhörte Kühnheit betrachtet wurde.

Als die Pläne von FELIX bekannt wurden, kamen aufgebrachte Briefe von Heinz, Findus und Branchenverbänden. Zwei Einwände wurden vorgebracht: Erstens sei es ganz allgemein unseriös, Essen in Plastik zu verkaufen und zweitens würden Plastikverpackungen Luft einlassen, was dem Ketchup nur eine kurze Haltbarkeit verleihe.

Letzterer Einwand war vollkommen korrekt, aber Herbert und Sixten Holmquist nahmen davon nicht Notiz. Sie waren davon überzeugt, dass Ketchup in Plastik ein Erfolg werden würde, und kalkulierten kühl damit, dass das Produkt so rasch umgesetzt werden würde, dass der Inhalt der Flasche niemals genug Zeit haben würde, um ranzig zu werden. Und so kam es auch.

Schon im Jahr nach der Einführung, 1957, war FELIX Erster am schwedischen Ketchup-Markt mit einem Anteil von 37 Prozent, verglichen mit den 29 Prozent von Heinz und den 25 Prozent von Findus. FELIX wurde so übermächtig, dass sich Erzrivale Findus vom Markt zurückzog.

Probleme ergaben sich erst, als die ersten kleinen Ketchupflaschen mit 250 Gramm durch immer größere Verpackungen ersetzt wurden. Björn Gavelstad, der 1967 bei FELIX zu arbeiten begonnen hatte und 1981 zum Generaldirektor aufstieg, berichtet:

„Wenn man Ketchup abfüllt, bildet sich eine Lufttasche ganz oben und diese Tasche wird umso größer, je größer die Flasche ist. Das führte dazu, dass das Erste, was rauskam, schwarz war. Wir hatten ein Krisentreffen. Aber dann hatte einer – ich weiß nicht mehr, wer – die Idee, dass wir die Schachteln beim Transport auf den Kopf stellen sollten. Das bedeutete, dass die Luft, die bei der Abfüllung hineinkam, zum Boden der Flasche wanderte und nicht mehr oben drin war, sodass also, wenn man draufdrückte, schönes rotes Ketchup herauskam. Das andere kam nie raus, weil es sich mit dem Rest vermischt hatte. Das war vielleicht ein bisschen unseriös, aber vollkommen ungefährlich."

Ein halbes Jahrhundert nach Einführung der Plastikflasche ist FELIX weiterhin die führende schwedische Ketchup-Marke mit einem Marktanteil von 50 Prozent. Mit einem Verbrauch von zwei Kilo pro Person und Jahr sind die Schweden das Volk mit dem höchsten Ketchup-Konsum der Welt.

Zur Zeit des großen Durchbruchs der Ketchupflasche hatten sich Herbert und das Unternehmen schon auf das nächste große Projekt gestürzt. FELIX sollte der Einbruch in den Markt für Tiefkühlwaren gelingen. Die Technik, die ihre ersten Triumphe in den USA gefeiert hatte, wies anfangs ernste Mängel auf und nach ein paar Jahren sank der amerikanische Konsum tiefgekühlter Waren. Das ließ FELIX in Eslöv abwarten. Doch als den Schwierigkeiten abgeholfen war, nahm der Verbrauch in den USA wieder zu, und in Europa wurde Schweden dank der Pioniertaten von Findus und der Kooperative Björnekulla zum Vorreiterland.

AB FELIX stürzte sich mit voller Kraft in die Schlacht. Eine Tiefkühlanlage war 1956 in Eslöv einsatzbereit und im selben Jahr wurde eine Fabrik in Simrishamn eingeweiht, die für Fisch und für Früchte von den großen Anbaugebieten am Österlen vorgesehen war. Unter den ersten Produkten befanden sich Sprossenkohl, Spinat, Erdbeeren und Dorschfilet. Der Zeitpunkt war richtig: Bis 1960 verzwanzigfachte sich der schwedische Konsum von Tiefkühlwaren. Im Unterschied zu den Konkurrenten hatte sich FELIX auf Großhaushalte eingerichtet, bei denen die Gewinnspannen größer waren. Auch das war vorausschauend. Zwischen 1955 und 1963 steigerte sich der Marktanteil von Großhaushaltspackungen im Tiefkühlbereich von 6 auf 27 Prozent. In der Werbung wurden insbesondere die Lieferungen an Svenska Amerikalinjen hervorgehoben, „rund um die Welt für ihre vornehme Tafel bekannt". Jedes Jahr wurden 80 000 Tonnen an Tiefgekühltem auf den Schiffen der Reederei konsumiert.

Dass die Fünfzigerjahre ein solches Jahrzehnt des Wachstums und Erfolgs für FELIX wurden, kann nicht ausschließlich mit dem Betrieb in der Fabrik erklärt werden. Kommerzielle Innovationen können nur erfolgreich sein, wenn am Markt eine entsprechende Nachfrage besteht. Es brauchte nur noch jemanden, der wusste, wie sie zu befriedigen war. Herbert Felix war der richtige Mann in der richtigen Branche zur richtigen Zeit.

Die Wohlstandssteigerung brachte sowohl erhöhte Kaufkraft als auch wachsenden Raum für Freizeitaktivitäten. Die jährliche Reallohnsteigerung in Schweden während der Fünfzigerjahre betrug 3 Prozent, gleichzeitig verkürzte sich die Arbeitszeit. Eine dritte Urlaubswoche wurde 1951 bis 1953 eingeführt und 1958 bis 1960 senkte man die gesetzliche Arbeitszeit von 48 auf 45 Stunden in der Woche. Durch soziale Reformen wie die allgemeine Kinderbeihilfe 1948 oder die allgemeine Krankenversicherung 1955 wurde den Haushalten geholfen, die Kaufkraft in schwierigen Zeiten aufrecht zu erhalten. Die Arbeitslosigkeit war während des Krieges bei 10 Prozent gelegen, im Jahr 1955 war sie auf zwei Prozent gesunken, was praktisch einer Vollbeschäftigung gleichkam. Es ging so schnell, dass Premierminister Tage Erlander 1956 vor „der Unzufriedenheit der großen Erwartungen" warnte: „Die Vollbeschäftigung und die soziale Sicherheit und ein von Jahr zu Jahr rasch steigender Standard haben bei uns allen eine neue Zuversicht hinsichtlich der Zukunft geschaffen, es ist jedoch ebenfalls eine wachsende Ungeduld darüber entstanden, dass es nicht noch schneller geht, als es das tut."

Ein anderer wichtiger Faktor war die zunehmende Teilnahme von Frauen am Arbeitsmarkt. Vor allem stieg die Erwerbsintensität bei verheirateten Frauen, von 12 Prozent 1945 bis 36 Prozent 1965. In den Geschlechterrollen der Zeit wurde es als selbstverständlich betrachtet, dass die Ehefrau für die Familie kochte. Wenn sie außerdem einer Erwerbstätigkeit nachging, wurde ihr Leben durch Fertig- und Halbfertigprodukte nicht unbedeutend erleichtert.

Die Erfolge eines Unternehmens wie FELIX müssen also vor diesem Hintergrund einer rapiden sozialen und wirtschaftlichen Entwicklung gesehen werden, die das Interesse von Haushalten an fertigen oder leicht zuzubereitenden Lebensmitteln erhöhte. Schon Ende der Vierzigerjahre führte die Firma eine

Werbekampagne, die hervorhob, dass man die Freizeit anders als zum Kochen und Einlegen verwenden konnte. Über einer Frau im Liegestuhl war zu lesen: „Felix konserviert, ihr profitiert."

Sogar Herbert Felix' Privatleben, so chaotisch während des Krieges und unmittelbar danach, entwickelte sich stabil und sicher. Er hatte sich von Kerstin scheiden lassen, war schwedischer Staatsbürger geworden und wartete auf die Frau, die seine zweite Gattin werden sollte. Es war Maj, Ivar M.G. Sandbergs Tochter.

Herbert und Maj heirateten 1952. Dass es so lange dauerte, lag daran, dass Maj, die vier Jahre jünger war als Herbert, eine komplizierte Scheidung zu durchlaufen hatte. Mit ihrem ersten Ehemann, Björn Groth, hatte sie drei Töchter: Christina, Madeleine und Gunilla. Anfangs wohnten Maj und ihre Töchter bei Herbert in der Wohnung in der Norrestraße in Eslöv, doch nach etwa einem Jahr zogen sie in den alten Pfarrhof im nahegelegenen Stehag, der als Dienstwohnung für den Generaldirektor der Firma eingerichtet worden war.

Madeleine Lundvall, die mittlere Stieftochter, erinnert sich an eine gemütliche Kindheit in dem großen Haus am Land: „Wir kannten Herbert, seit wir ziemlich klein waren, also war das für uns einfach nur Glück. Wir mussten nicht in einer Wohnung oder in Stockholm wohnen. Er kümmerte sich um uns wie um seine eigenen Kinder und nannte uns seine ‚Bengelchen'. Er fuhr uns zur Schule und holte uns ab."

Der gesellschaftliche Umgang war gemischt. Darunter fanden sich Geschäftsfreunde, Mitglieder des großen Sandberg-Clans, Fritz Buchberger und Caroline, Akademiker wie Professor Sture Bolin und prominente Unternehmer und Unternehmensleiter, z. B. Hans Rausing von Tetra Pak mit seiner Gattin Märit. Zum Freundeskreis gehörte auch Walter Nilsson vom großen Hof Fridasro und seine Frau Gundborg. Walter Nilsson war eines der Gründungsmitglieder des Züchtervereins, den Herbert 1939 geschaffen hatte.

In Stehag konnte sich Herbert in Ruhe und Frieden seinen kulturellen Passionen widmen. Er war interessiert an Literatur, Kunst und Musik. „Es gab nichts Besseres", erzählt Madeleine Lundvall, „als wenn ich nicht schlafen konnte oder wollte und Herbert bat, am Klavier zu spielen. Dann schlummerte ich ein."

Kurz vor dem Umzug der Familie nach Stehag brachte *Husmodern* eine lange Reportage über Herbert Felix unter dem Titel „Ein normales mitteleuropäisches Schicksal." Die Reporterin, Eva Cassel, endete mit einer überschwänglichen Beschreibung ihres Interviewpartners:

„Er hat ein solch unwiderstehliches Lächeln [...], dass man hinter den Worten seinen Eifer erahnt, die Menschen um sich herum glücklich zu machen, wo er nun selbst so glücklich ist und sich mit jener schönen Frau vereint hat, die er liebt [...] Seine harmonische und kraftvolle Persönlichkeit hellt die Menschen in seiner Umgebung auf, wenn er an ihnen vorübergeht – man merkt es in der Fabrik, zu Hause, auf den Straßen Eslövs."

Alles war – zu guter Letzt – gut gegangen für Herbert Felix. Äußerlich. Alles war ihm geglückt. Doch richtig glücklich war er kaum.

Erfolgreich mit Gurken:
Unternehmer Herbert Felix, 1953

Porträt von Herbert Felix
in „Husmodern“, 1953

Herbert und Maj Felix mit ihren Töchtern. Das Gemälde im Hintergrund zeigt
die Landschaft von Herberts Heimat
Mähren.

Bruder Bruno

„Er war ein bisschen wie Felix, aber nicht so hitzig."

Schweden war nicht von Anfang an ein naheliegendes Ziel für den österreichischen Sozialisten Bruno Kreisky. Die Sozialistische Arbeiter-Internationale verteilte Flüchtlinge zum Schutz vor dem Nationalsozialismus auf verschiedene Empfängerländer. Österreicher sollten in Norwegen untergebracht werden, während Deutsche und Sudetendeutsche in Dänemark oder Schweden Zuflucht finden sollten. Doch die Regel war nicht unumstößlich. Der Deutsche Willy Brandt kam zuerst nach Norwegen, floh aber später im Zusammenhang mit dem deutschen Angriff am 9. April 1940 weiter nach Schweden. Der Österreicher Bruno Kreisky, dem auch in Großbritannien** die Einreise bewilligt worden war, erreichte Schweden via Dänemark. Dass das Zielland Schweden wurde, beruhte auf dem Engagement der schwedischen Sozialdemokraten für die Freilassung Bruno Kreiskys, doch in seinen Memoiren deutete er auch ein persönliches Motiv an.

Kreisky erreichte Schweden Ende September 1938, einige Wochen nach Herbert Felix. In Stockholm wurde er bei der Witwe eines deutschen Konsuls einquartiert, nach Zahlung von Miete und Frühstück hatte er zum Leben nur noch vierzig Kronen: „Das hat hinten und vorn nicht gereicht. Große Sorgen habe ich mir darüber allerdings nicht gemacht. Schließlich hatte ich für den Notfall Verwandte in Schweden, meinen Vetter Herbert Felix."

Die Felix-Sippe hielt eng zusammen, doch es findet sich in erhaltenen Dokumenten oder in Erinnerungen von Freunden und Angehörigen nichts, was darauf hindeutet, dass Herbert und Bruno einander vor dem Zweiten Weltkrieg sonderlich nahestanden. Obwohl sie beinahe gleichzeitig nach Schweden gekommen waren, erwähnte Herbert seinen Cousin in den Briefen Ende der Dreißigerjahre und während des Krieges niemals. Zu seiner Frau Caroline sagte Fritz Buchberger, dass Herbert in seiner Jugendzeit in

Znaim seinen drei Jahre jüngeren Cousin als „dieser Bruno da" abzutun pflegte.

Herbert und Bruno lebten in verschiedenen Ländern und in gewisser Weise auch in verschiedenen Welten. Herbert war Geschäftsmann und am liebsten in der freien Natur, Bruno war politisch engagiert und intellektuell. Doch nach dem Krieg, als sie große Teile der gemeinsamen Verwandten im Holocaust verloren hatten, sollten sie unzertrennlich werden.

„Herbert Felix war mir von allen Verwandten der liebste", schrieb Kreisky in den Memoiren. „Wir waren einander nahe wie zwei Brüder und haben uns bei jeder sich bietenden Gelegenheit getroffen."

Bruno Kreisky wuchs in einer wohlhabenden Familie auf. Im konfliktreichen Wien der Zwischenkriegszeit bildete er früh ein politisches Bewusstsein aus: Er nahm als Dreizehnjähriger an seiner ersten Demonstration teil und erlebte

Herbert mit seinem Cousin Bruno Kreisky und dessen Frau Vera in Torekov, 1970

in den Zwanzigerjahren die Auseinandersetzungen zwischen dem Schutzbund, der paramilitärischen Verteidigungsorganisation der Sozialdemokratie, und den rechten Heimwehren. Unruhe und Gewalt führten zur Ausschaltung des Parlaments im März 1933. In diesem Jahre wurde der Jusstudent Bruno Kreisky zum ersten Mal verhaftet. Im Jahr darauf wurde der Schutzbund vom faschismusnahen Regime unter Dollfuß zerschlagen – nach vier Tagen blutiger Kämpfe in der österreichischen Hauptstadt. Die Sozialdemokratische Partei wurde in den Untergrund gezwungen.

Kreisky, der zum Kreis um den berühmten Austromarxisten Otto Bauer gehört hatte, verbrachte insgesamt 21 Monate im Gefängnis. Seine letzte Zeit in Haft begann am 15. März 1938, drei Tage nach Hitlers Einmarsch in Österreich. Kreisky war Sozialist jüdischer Herkunft und schwebte in Lebensgefahr, um ein Haar wäre er in das Konzentrationslager Dachau deportiert worden. Unter dem Druck der Sozialistischen Jugendinternationale wurde er am 8. August freigelassen und erhielt die Möglichkeit, Österreich zu verlassen. Der damalige Obmann der schwedischen sozialdemokratischen Jugend SSU, Torsten Nilsson, spielte bei diesen Bemühungen eine wichtige Rolle.

Stockholm war ein Sammelpunkt deutschsprachiger Flüchtlinge. Dort verdiente Kreisky seinen Lebensunterhalt anfangs als Journalist und wurde dann in die Genossenschaft eingebunden, wo er „geschäftlicher Berater" von Carl Albert Andersson, Chef des „Konsum" in Stockholm, wurde. In Schweden traf er auch Vera Fürth, deren Familie österreichische Wurzeln hatte. Sie heirateten 1942. Während dieser Jahre knüpfte Kreisky enge Kontakte zu schwedischen Sozialdemokraten und der Aufenthalt in Schweden sollte ihn prägen: „Immer wieder habe ich das Bedürfnis, diesem Land zu danken für alles, was es mir gegeben hat – nicht zuletzt an politischer Klugheit."

Die tiefe Freundschaft zwischen Herbert Felix und Bruno Kreisky entwickelte sich nach dem Krieg, als die beiden parallel Karrieren machten: Herbert als Firmenchef, Bruno als Diplomat und Politiker. Die große Katastrophe hatte sie zusammengeführt.

In einem erschütternden Kapitel seiner Memoiren schildert Kreisky, wie stark der Völkermord der Nazis eine ganze Familie getroffen hatte:

„Die Brüder meiner Mutter sind allesamt zugrunde gegangen; auch einige Schwestern meiner Mutter und viele Cousins, die mir sehr lieb waren und sehr nahegestanden sind. Eine Cousine, Elfi Felix, kam als einzige aus der Hölle zurück, war aber wahnsinnig geworden. Vor ihren Augen hatte man ihre Tochter umgebracht. Sie überlebte den Krieg nur um wenige Wochen. In einer Liste, die dem polnischen Botschafter in Wien, Karski, vom damaligen Direktor von Auschwitz übermittelt wurde, findet sich eine ganze Reihe meiner Verwandten: eine große Zahl von Angehörigen der Familie Felix, darunter mein Vetter Dr. Wilhelm Felix, ein strenggläubiger Katholik, der aufgrund der Gebote seines Glaubens die Eltern nicht im Stich lassen wollte, als diese nach Theresienstadt deportiert wurden."

Herbert und Bruno waren beinahe die einzig Übrigen und gerade deswegen fanden sie einander. Ihr Verhältnis war in erster Linie persönlich, familiär, und sollte mit der Zeit Konsequenzen in der Industrie haben. Doch bei zumindest einer Gelegenheit stieß es auch in die Dimension großer Politik vor.

Nach dem Prager Putsch versuchte Stalin einen weiteren Schritt zur Festigung des sowjetischen Einflusses in Europa zu unternehmen. Er belegte im Juni 1948 Westberlin mit einer Blockade und sperrte alle Verbindungswege zu den drei Westsektoren. Das geteilte Berlin lag mitten in der sowjetischen Besatzungszone und Stalin glaubte, dass die Westmächte keinen anderen Ausweg sehen würden, als die Stadt zu übergeben. Er erklärte ohne Umschweife, dass er Amerikaner, Briten und Franzosen „rausschmeißen" wolle.
Stalins Ziel war es, die Bildung eines westdeutschen Staates zu verhindern. Er hegte den durchaus berechtigten Verdacht, dass eine Währungsreform in der amerikanischen, der britischen und der französischen Zone eine vorbereitende Maßnahme in dieser Richtung darstellte. Im August, nach einigen Monaten der Blockade, sagte er zu westlichen Diplomaten, dass, wenn die Währungsreform und die Pläne für einen westdeutschen Staat auf Eis gelegt wären, sie „keinen Hindernissen mehr begegnen" würden. Doch er hatte nicht mit der amerikanischen und westeuropäischen Entschlossenheit gerechnet,

die der Prager Putsch hervorgerufen hatte. Westberlin wurde mittels einer massiven Luftbrücke versorgt. Im Mai 1949 war Stalin gezwungen, die Blockade aufzuheben.

Es war eine demütigende Niederlage für die Sowjets, doch die Politiker in Westberlin befürchteten, dass etwas Ähnliches wieder geschehen könnte und begannen darüber zu diskutieren, einen Notfallvorrat an Lebensmitteln aufzubauen. Einer dieser Politiker war Willy Brandt, der sich an den Exilgenossen Bruno Kreisky in Schweden erinnerte, der ihm von einem Cousin erzählt hatte, der Konservenkönig in Eslöv war.

Eine Delegation aus Westberlin begab sich für ein Treffen mit Herbert Felix nach Schweden. Danach kehrten die Deutschen zurück, um seine Ideen zur Konservierung und Langzeitlagerung von Lebensmitteln und anderen unentbehrlichen Dingen anzuwenden. Noch Anfang der Siebzigerjahre Jahre bestand dieses Notfalllager. Es enthielt unter anderem Fleisch- und Fruchtkonserven und schwedisches Knäckebrot. Einer der Teilnehmer war ein Lagerexperte aus Berlin namens Hans Korenber. Er erzählte 1972 vom kurzen, doch produktiven Besuch bei Herbert Felix: „Ohne schwedische Erfahrung und Lebensmittel wäre Westberlin heute vielleicht ein Teil von Ostdeutschland."

Bruno Kreiskys erste politische Aktivität nach Kriegsende war jene des diplomatischen Repräsentanten Österreichs in Schweden. 1950 kehrte er nach Wien zurück, um Berater des Bundespräsidenten zu werden, doch verbrachte er, solange Herbert lebte, fast jeden Sommer in Südschweden. Die Familie Kreisky pflegte Aufenthalte im Hotel Falsterbohus mit Besuchen in Eslöv und Stehag und sogar Torekov zu verbinden, wo Maj das Sommerhaus ihrer Eltern übernommen hatte. Bei einer dieser Gelegenheiten erläuterte Bruno Kreisky, warum er sich so sehr nach Sommerwochen zusammen mit Herbert sehnte: „Hier durfte ich anonym sein, leben, wie ich wollte."

Die Hand Bruno Kreiskys lässt sich ebenfalls hinter der Ernennung Herbert Felix' zu Österreichs Honorarkonsul 1958 in Malmö erahnen. Unter der formellen Oberfläche war es ein recht privates Arrangement, was sich noch darin bestätigte, dass Maj Felix zur Sekretärin des Konsulats wurde. In

Wirklichkeit war es Wivi Peving, Herberts Sekretärin in Eslöv, die einsam das Konsulat betrieb: „Wir hatten einen Tag in der Woche geöffnet. Herbert Felix war niemals da.“

Bruno Kreisky beanspruchte manchmal Wivi Pevings Dienste, wenn er Herbert besuchen kam, wobei es sich selten um bloße Konsulatsangelegenheiten handelte: „Einmal hatte er einen Pullover in Malmö gekauft. Er wollte ihn nicht mehr haben und fragte, ob ich den Pulli mitnehmen und zurückgeben könnte, wo ich ja sowieso zum Konsulat fahren würde. Die Verkäufer nahmen beinahe eine Habtachtstellung ein, als ich sagte, wer mich geschickt hatte. Kreisky war phantastisch freundlich. Er war ein bisschen wie Felix, aber nicht so hitzig.“

Als Madeleine, eine von Herbert Felix' Stieftöchtern, an einer Modeschule in Wien zu lernen anfangen sollte, war es selbstverständlich, dass sie bei Kreisky wohnen würde, der damals Staatssekretär im österreichischen Außenministerium war:

„Ich habe Onkel Bruno geliebt, weil er total wie Herbert war und weil er sich um mich gekümmert hat wie um seine eigene Tochter und nichts anderes, aber sobald wir ausgegangen sind und gegessen haben, stand natürlich in den Zeitungen, jetzt hat Bruno eine junge Geliebte gefunden. Die Zeitungen bekamen ordentlich eine auf den Deckel. Dort habe ich ein halbes Jahr gelebt. Ich bin immer bei Onkel Bruno ins Büro hineingeschwirrt, weil ich von ihm das Geld bekommen habe, 2000 Schilling im Monat. Das war damals wirklich viel.“

Eine andere Verbindung zwischen Herbert Felix und Österreich war seine Hilfe bei der Suche seiner guten Freunde Walter und Gundborg Nilsson aus Fridasro nach einem Pflegekind aus Wien. Herbert schlug vor, dass sie ihr Zuhause für einen armen und verwaisten Buben aus Österreich öffnen sollten, den er über Walter Stöckl ausfindig gemacht hatte – jenen Pfarrer, der ihn und Kerstin in Znaim getraut hatte.

„Meine Mutter ist gestorben, als ich eineinhalb Jahre alt war und mein Vater hatte keinen Kontakt zu mir. Ich war ein uneheliches Kind. Ich habe bei meinen Großeltern gelebt, aber sie waren arm und oft krank, also habe ich zugeschlagen, als wäre ich am Verhungern, als ich gefragt wurde, ob ich nach Schweden fahren möchte, um es besser zu haben", erzählt Werner Glatz, der 1952 als Neunjähriger nach Eslöv kam.

Allerdings war das Leben für Werner auf dem großen Hof nicht leicht: „Ich hatte es unnötig schwer. Es wurde mir zum Beispiel verboten, die Matura zu machen, das ist der ärgste Schnitzer, den ich der Familie ankreiden kann. Sie waren ja nicht so gebildet. Ich war der einzige dort, der Bücher gelesen hat." Werner war Gymnasiallehrer in Eslöv und fasste seine Erfahrungen zusammen als „eine harte Reise, aber am Ende habe ich gewonnen". Er war manchmal zuhause bei Herbert, als Spielkamerad von Gunilla, Majs jüngster Tochter.

„Der Kontakt von mir und Herbert war oberflächlich, aber als ich jung war, habe ich ihn idealisiert. Für mich war er ein feiner und vornehmer Herr, der während des Krieges Medaillen erhalten hatte", erinnert sich Werner Glatz. Doch er entdeckte auch eine andere Seite des Idols seiner Jugend, was ihn im Nachhinein von Herbert Felix weniger beeindruckt sein ließ: „Er mit seinen verdammten Seitensprüngen."

Aus Premierminister Tage Erlanders Tagebüchern geht hervor, wie sehr der schwedische Premier den Stockholm häufig besuchenden Bruno Kreisky schätzte. Einer der Diskussionsgegenstände in der ersten Hälfte der Fünfzigerjahre waren die Verhandlungen über die Wiederherstellung der österreichischen Souveränität. In seiner Eigenschaft als Staatssekretär spielte Kreisky eine Schlüsselrolle bei diesen sensiblen Gesprächen, in denen Österreich gezwungen war, zwischen westlichen und sowjetischen Interessen vorsichtig zu manövrieren.

Österreich war, genau wie Deutschland, nach dem Krieg in mehrere Besatzungszonen geteilt worden. Die Westmächte befürchteten, dass Österreich in die sowjetische Einflusssphäre gezogen werden könnte, während die UdSSR beunruhigt war über eine Annäherung Österreichs an den Westen im Allgemeinen und an Westdeutschland im Besonderen. Nach einer plötzlichen Öffnung in Moskau kam man zur Lösung, dass Österreich im Austausch für seine Neutralität und das Verbot eines künftigen Anschlusses an Deutschland volle Selbstständigkeit innerhalb der Grenzen von 1938 erhalten sollte. Eine Erklärung für die sowjetische Kompromissbereitschaft war, dass die Sowjetunion gleichzeitig dabei war, ihren militärischen Einfluss in Ost- und Mitteleuropa durch den Warschauer Pakt zu sichern und zu formalisieren.

Der Staatsvertrag mit Österreich wurde in Wien am 15. Mai 1955 unterzeichnet. Mit 25. Oktober 1955 hatten sich alle Besatzungstruppen aus österreichischem Gebiet zurückgezogen. Am Tage darauf wurde ein Verfassungsgesetz über die immerwährende Neutralität Österreichs beschlossen.

Ab jenen erfolgreichen Verhandlungen nahm Bruno Kreiskys Karriere weitere Fahrt auf. Vier Jahre später, 1959, wurde er Außenminister. Seine Beförderung machte Schlagzeilen in schwedischen Zeitungen: „Stockholmer Konsumangestellter wird Österreichs Außenminister."

Elf Jahre später, 1970, wurde er Bundeskanzler. Nun übertrafen sich die Schlagzeilen noch weiter: „Bruno Kreisky – der dritte schwedische Premierminister der Welt." Die beiden anderen waren Olof Palme und Willy Brandt. „Dieser Bruno da" fand sich nun unter Europas Großen wieder.

Herbert Felix und sein berühmter Cousin waren politisch durchaus uneins. Herbert Felix war ein Liberaler. Parteipolitisch stand er möglicherweise unter einem gewissen Einfluss von Ivar M. G. Sandberg, Bertil Ohlins Onkel. In Herbert Felix' Nachlass finden sich Mitgliedskarten von Folkpartiets Ortsgruppe in Eslöv für die Jahre 1958 und 1960. Herbert Felix und Bertil Ohlin, Obmann von Folkpartiet von 1944 bis 1967, trafen sich hie und da in Torekov. Bertil Ohlins Tochter Hellen erinnert sich an diese Sommertreffen mit „Onkel Felix": „Ich weiß nicht, ob sie gerade über Politik diskutierten, aber es ist durchaus möglich. Mein Papa war ja interessiert an Industriefragen."

Die verschiedenen Ansichten von Herbert und Bruno Kreisky beeinträchtigten die brüderliche Freundschaft der beiden Cousins nicht. Sie waren sich einig, nicht einig zu sein.

„Bruno Kreisky war Sozialdemokrat und Herbert eher rechts davon, doch so etwas wurde nie diskutiert. Sie akzeptierten einander. Sie standen einander extrem nahe", erzählt Herberts älteste Stieftochter Christina, die oft dabei war, wenn die Familien einander trafen.

In zweierlei Hinsicht glichen sich jedoch die Werte und Anschauungen von Herbert und Bruno. Beide waren anglophil und beide waren Pragmatiker, offen für neue Eindrücke. Herberts Gefühle für England gehen aus Briefen hervor, die er von dort während des Krieges geschrieben hatte. Bruno Kreisky gab seinen positiven Empfindungen in seinen Memoiren Ausdruck: „Wenn ich für irgendein Volk oder irgendein Land besondere Sympathien hege, dann ist es England."

Er betonte, welche Bedeutung die britische Presse hatte, als er zusammen mit anderen österreichischen Sozialdemokraten 1936 wegen Hochverrats verurteilt wurde. „Die politische Kultur, so scheint es mir, ist in England stärker und weiter entwickelt als anderswo", schrieb Kreisky.

Trotz seiner marxistischen Schulung hatte Bruno Kreisky nicht viel für planwirtschaftliche Dogmen übrig. In einem Interview von 1954 wurde seine Einstellung beschrieben als „eine Synthese zwischen Vergesellschaftung und Privatwirtschaft, wodurch letztere größere Möglichkeiten erhält".

Es kann nicht ausgeschlossen werden, dass Herbert Felix Bruno Kreisky in dieser Hinsicht beeinflusste – und es ist auch nicht auszuschließen, dass Bruno Kreisky auf Herbert Felix in anderen Belangen einwirkte.

Die Eslöver Anwältin Ester „Nanna" Jeppsson wurde Anfang der Sechzigerjahre eine enge Freundin Herberts. Miteinander diskutierten sie gesellschaftliche Fragen und „Nanna" Jepsson zufolge besaß Herbert Felix „eine gewisse Toleranz und ein Verständnis für die Bewegungen der Linken": „Er war von London sehr begeistert. Er fand all das Neue schön, das von dort herkam – die Musik, die Mode – und das war sicher keine bürgerliche Kultur. Ich weiß, dass er einen guten Freund in London hatte, den er zu besuchen pflegte, einen radikalen Arzt mit einer einfachen Praxis."

In einem der seltenen Zeitungsinterviews, in denen Herbert politische Themen berührte, veröffentlicht in Arbetet 1961, beklagte er die mangelnde Einsicht der schwedischen Jugend bezüglich der Tatsache, „in was für einer wunderbaren Zeit sie leben": „Sie ahnen nichts von den Klassenunterschieden vor 40 Jahren. Sie können sich nicht vorstellen, wie Menschen ohne Schulen und Berufsausbildung lebten."

Der Interviewer Inger Wahlöö fasste seine Einstellung zusammen: „Die soziale Struktur hat sich geändert. Jetzt haben es alle gut. Und das betrachtet er als besser als des kleinen Mannes Möglichkeiten, Millionär zu werden."

Doch seine verständnisvolle Haltung kannte deutliche Grenzen. Als „Nanna" Jepsson in den Jahren um 1970 darüber klagte, dass ihre Kinder, beeinflusst von den revolutionären Stimmungen der Zeit, sich aus Überschussbeständen einkleideten und „und wie weiß Gott was aussahen", erwiderte Herbert Felix: „Es ist doch gut, dass sie sich an die kommunistische Armut gewöhnen."

Hohe Arbeitslosigkeit war eines von Österreichs großen Problemen nach Wiederherstellung seiner Souveränität. Besonders schwierig war die Lage in denjenigen Landesteilen, die von der Sowjetunion besetzt gewesen waren und unter diesen am allerschlimmsten im Burgenland, dem östlichsten Bundesland. Im Burgenland, einem Ausläufer der ungarischen Puszta, waren zwei Drittel der Bevölkerung in der Landwirtschaft tätig, doch das bot bloß für einen Teil des Jahres Beschäftigung.

In den Wintermonaten erreichte die Arbeitslosigkeit beinahe 50 Prozent und die Einwohner des Landes besaßen die niedrigste Kaufkraft in Österreich. Die Regierung in Wien wollte darum eine industrielle Entwicklung in Gang bringen, die auf den natürlichen Voraussetzungen des Gebiets fußte.

Bruno Kreisky nahm in der Sache mit Herbert Felix Verbindung auf und 1956, ein Jahr nach Abschluss des Staatsvertrags, begann AB FELIX in Eslöv Möglichkeiten auszuloten, sich im Burgenland niederzulassen. Herbert Felix hegte große Hoffnungen. Er nahm – völlig zu Recht – an, dass der relativ niedrige Lebensstandard in Österreich rasch auf westeuropäisches Niveau ansteigen würde.

Nach Überprüfung von sechs verschiedenen Alternativen entschied sich die Unternehmensleitung für Mattersburg, eine kleine Stadt mit 4 000 Einwohnern. Im Oktober 1958 genehmigte die Direktion die Gründung einer österreichischen Firma, der FELIX AUSTRIA GmbH. Der Fabriksbau sollte

2,5 Millionen Kronen kosten – eine Rieseninvestition für ein Familienunternehmen mit begrenzten Mitteln. Um die Finanzierung sicherzustellen, wurden auch das Wenner-Gren-Unternehmen Semper und ein österreichischer Interessent mit an Bord geholt. Semper schloss im selben Jahr ein Übereinkommen mit AB FELIX in Eslöv zur Produktion von Kindernahrung.

Edvin Wopenka, der Österreicher, der in Eslöv 1953 als Vorarbeiter angefangen hatte, wurde Teil des Projekts in Mattersburg. Wopenkas Auskunft nach hatte Herbert Felix eine Vision, die damals utopisch erscheinen musste, die sich jedoch heute als bemerkenswert vorausschauend darstellt: „Er war überzeugt, dass die Mauer fallen würde und dass es eine Öffnung für den Handel zwischen Ost und West geben würde. Man würde die Rohstoffe in Ungarn kaufen und in Österreich verarbeiten, um sie dann nach Deutschland und Frankreich weiterzuverkaufen. Er wollte sich rechtzeitig darauf vorbereiten."

Herbert Felix war ein Pionier der schwedischen Lebensmittelindustrie im Ausland geworden. Er konnte sich darüber freuen, etwas für sein Geburtsland geleistet zu haben sowie auch für den Cousin, der zum Bruder geworden war. Er hatte seine Gurkenfabrik in eine Großindustrie mit breiter Produktpalette im Nahrungsmittelbereich verwandelt und damit seine Znaimer Träume verwirklicht. Jetzt, im Augenblick des Triumphs, begann der Boden unter seinen Füßen nachzugeben.

Der Weg bergab

„Er war verliebt in die Firma, aber es war wohl notwendig, dass er ging. Wir hatten kein Geld."

Der Fabriksbau in Mattersburg war nur eine von Herbert Felix' internationalen Investitionen um 1960. AB FELIX kaufte einen Tiefkühlbetrieb im norwegischen Brönnöysund, der die Anlagen in Simrishamn ergänzen sollte, wo man die Fischlieferungen unzureichend fand. Durch ein norwegisches Tochterunternehmen, A/S Norsk FELIX, sollte in den nordischen Ländern der Markt für tiefgefrorenen Fisch ausgeweitet werden. Herbert Felix und die Firmenleitung erwogen sogar, eine eigene Fischfangflotte anzuschaffen, um die Fischzufuhr sicherzustellen, doch die Pläne wurden wieder aufgegeben. In Großbritannien wurde die Vertriebsgesellschaft FELIX Pure Foods Ltd. gegründet. Das Projekt lag dem anglophilen Herbert Felix sehr am Herzen, doch in den konservativen britischen Lebensmittelmarkt einzubrechen war nicht einfach. Bo Thomasson zufolge, dem Repräsentanten von FELIX in London, waren kleinere Spezialitätenhändler an Preiselbeermarmelade und Fruchtkonserven aus Schweden interessiert, doch damit allein wäre kein Profit zu machen gewesen. Herbert Felix war gezwungen, dem Aufsichtsrat mitzuteilen, dass der für das erste Jahr kalkulierte Umsatz von sieben Millionen Kronen „so unbedeutend geworden ist, dass er sich vielleicht nicht einmal auf 500 000 Kronen beläuft".

Es war Sixten Holmquist, der am Londoner Stützpunkt festhielt, und seine Leichtfertigkeit hinterließ Spuren, erzählte Bo Thomasson: „Er kaufte Fernsehwerbung. Das war teuer. Herbert war nicht glücklich. Sixten kam manchmal nach London herüber und arrangierte große Abendessen und Feste. Die Gäste erkannte ich selten, obwohl ich innerhalb der Branche viele Leute traf."

Die Auslandsinvestitionen zehrten an den begrenzten Ressourcen von FELIX. Gegen Ende der Fünfziger belief sich das Aktienkapital auf bloß 750 000

Kronen. Die schwache finanzielle Stellung des Unternehmens wurde bloßgelegt. Die grandiosen Pläne zu einer Internationalisierung des Betriebs scheiterten ganz einfach an einer wirtschaftlichen Deckung.

Das drängendste Problem lag in Österreich. Im Oktober 1960 informierte Herbert den Aufsichtsrat, dass das Projekt in Mattersburg „leider nicht den festgelegten Plänen gefolgt ist". Die Kosten hatten sich von 14 Millionen Schilling auf 25 Millionen fast verdoppelt, was in schwedischer Währung einer Steigerung von 2,5 auf 5 Millionen Kronen entsprach. Die Bauarbeiten hatten sich verteuert und verzögert, weil ein Generalunternehmer fehlte. Elektroinstallationen, Wasserleitungen, Betonarbeiten – alles war durch separate Ausschreibungen erledigt worden, was die Kosten in die Höhe trieb. Auf Grund der Fehlkalkulationen übernahm AB FELIX die Anteile Sempers und des österreichischen Interessenten. Damit wurde FELIX AUSTRIA zur reinen Tochtergesellschaft.

Die Situation verschlimmerte sich außerdem dadurch, dass die Produktion ineffektiv organisiert war – innerhalb des gesamten Unternehmens. Während der expansiven Fünfzigerjahre verringerte sich die Produktivität bei FELIX, gemessen am Umsatz pro Angestelltem. Der Verkauf hatte kräftig angezogen, doch die recht bescheidenen Gewinne erlaubten keine größeren Investitionen in Technik und Maschinen. Man hatte die Expansion hauptsächlich mit geliehenem Geld finanziert, sodass 1960 der Eigenkapitalanteil auf 6 Prozent geschrumpft war.

Der Kontrast zum Hauptkonkurrenten Findus stach deutlich ins Auge. Findus war Anfang der Vierziger gegründet worden, als Marabou, geführt vom norwegisch-schwedischen Industriellen Henning Throne-Holst, Skånska fruktvin- och likörfabriken in Bjuv kaufte. Das kapitalstarke Marabou pumpte große Summen in Findus, wodurch man sich leisten konnte, weit mehr in Forschung und neue Technologien zu investieren. FELIX konnte stolz auf ein breiteres Sortiment verweisen, doch die Diversifizierung war nicht nur von Vorteil. Sie war personalintensiv und die vielen und kurzen Produktionsstrecken begrenzten den Raum für Rationalisierungen.

Alte Versäumnisse und weniger durchdachte Beschlüsse während der Fünfziger machten sich nun bemerkbar. Trotzdem entschied sich Herbert Felix, die Eroberung Europas zu versuchen. Zwei Umstände, von welchen zumindest einer offensichtlich ist, können sein beinahe dummdreistes Handeln erklären.

Die offensichtliche Ursache war, dass der Aufsichtsratsvorsitzende Ivar M.G. Sandberg sich zurückzuziehen begann. Dozent Björn Kuuse schreibt in seiner Geschichte des Unternehmens von 1984, dass es Herbert Felix und Sixten Holmquist „leicht fiel, einander für neue Projekte zu begeistern, was oft hochfliegende Pläne zum Resultat hatte, die manchmal einer ökonomischen Verankerung entbehrten". Im Aufsichtsrat hatten sie mit Sandberg, der wegen der ambitionierten – oder eher überambitionierten – Investitionen besorgt war, ein Gegengewicht. Sandberg verlangte bei einer Aufsichtsratssitzung 1958 ein System zur besseren Kontrolle der Ausgaben. Doch er war 77 Jahre alt und kränklich. Er verließ den Aufsichtsrat 1960 und verschied im Jahr darauf. Mit ihm verschwand eine Kraft der Zurückhaltung. Freie Bahn also für Herbert Felix und Sixten Holmquist.

Die eher verborgene Ursache dagegen war womöglich Fritz Felix. Der Schatten des Vaters lastete schwer auf Herbert, der die Fabrik in Eslöv als eine Verlängerung von LÖW & FELIX in Znaim betrachtete. „Als ich 1939 hierher kam", verkündete er stolz bei der Verkaufskonferenz 1952, „konnte ich auf jene Herstellung von Gurkenkonserven zurückgreifen, die meine Familie in der Tschechoslowakei seit 1868 betrieben hatte."

Herbert Felix wusste, dass ihn sein Vater als unsicher und übertrieben vorsichtig angesehen hatte. Das war ein Gegenstand ihrer Briefe in der dunklen Zeit Anfang der Vierziger gewesen. Vielleicht wollte er, nachdem er sein eigener Herr geworden war, sich selbst und seiner Umgebung beweisen, dass er willens war, Risiken einzugehen, zumal in Sachen Export. Immer wieder kam Herbert darauf zurück, dass die Fabrik in Znaim die größte ihrer Art in Europa gewesen war, mit Absatzmärkten in vielen verschiedenen Ländern. Es war Herbert Felix 1958 völlig klar, dass seine Firma ein akutes Bedürfnis nach zusätzlichem Kapital hatte. Er wandte sich an Bruno Kreisky und bot ihm an, sein Partner zu werden. Kreisky lehnte ab. In seinen Memoiren beschrieb er Herberts Reaktion: „Es schmerzte ihn ganz deutlich, dass ich mich endgültig für die Politik entschieden hatte."

Ende der Fünfziger eröffnete sich eine amerikanische Option. FELIX hatte eine Zusammenarbeit mit dem Lebensmittelgiganten General Foods Corporation in den USA begonnen. Sie bildeten ein gemeinsames Unternehmen in Eslöv. AB FELIX sollte die Produkte von General Foods in Schweden auf den Markt bringen. Als FELIX um 1960 akute Finanzierungsprobleme erlebte, teils als Folge der Expansion im Ausland, war General Foods bereit, einen Kredit zu gewähren im Austausch für das Recht, Aktien der schwedischen Firma zu erwerben. Ein Entwurf zu einem Anleihen- und Optionsübereinkommen lag vor.

Doch ein schwedischer Akteur hatte ebenfalls Interesse an FELIX. Es war Sockerbolaget, das es plötzlich eilig hatte, als bekannt wurde, dass FELIX dabei war, amerikanisch zu werden.

Sockerbolaget war ursprünglich 1907 gebildet worden, als schwedische Zuckerproduzenten sich zusammenschlossen. Das Unternehmen hatte FELIX während der Fünfzigerjahre geholfen, Kartoffelsorten zu entwickeln, die sich für eine industrielle Verarbeitung eigneten, und besaß daher einiges Wissen über das Unternehmen. Als sich politisch abzeichnete, dass Schweden seinen Import von Zucker aus der Dritten Welt erhöhen würde, brauchte Sockerbolaget weitere Standbeine. FELIX passte hervorragend in diese Pläne: ein Lebensmittelunternehmen mit starker Marke, das eigentlich nicht mehr als Geld brauchte – und davon hatte Sockerbolaget genug.

Herbert Felix versuchte, die beiden möglichen Käufer gegeneinander auszuspielen, doch eigentlich hatte er keine Wahl, da AB FELIX große Schulden für unbezahlte Zuckerlieferungen angehäuft hatte. Am 21. Dezember 1960 wurde ein Vertrag hinsichtlich der Zusammenarbeit von AB FELIX und Sockerbolaget unterzeichnet, der unter anderem Anbau, Technik und Forschung betraf. Die Übereinkunft umfasste außerdem einen Kredit von Sockerbolaget, der sich auf sechs Millionen Kronen belief, und Optionen auf Aktien von Felix.

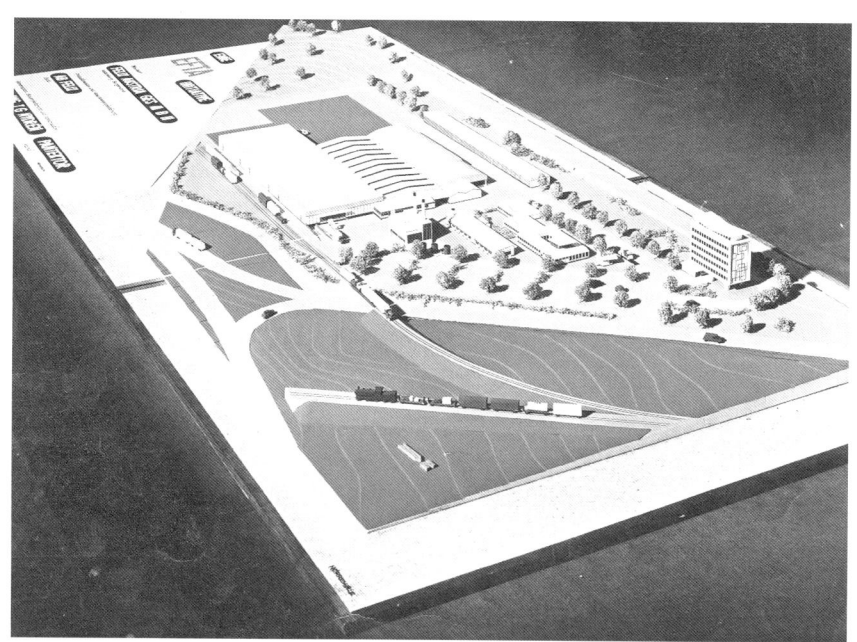

Modell des geplanten Werks in Mattersburg

NEUBAU EINER KONSERVENFABRIK

DER FIRMA **FELIX AUSTRIA** GMBH MATTERSBURG

MITHILFE :BURGENLÄNDISCHE LANDESREGIERUNG
STADTGEMEINDE **MATTERSBURG**

PLANUNG :ING. **NYDREN** MALMÖ **SCHWEDEN**
BAULEITUNG :DIPL. ING. ROMAN **FEDORCIO** SOLLENAU

Baubeginn August 1959

Die Finanzierung war gesichert. Die FELIX-Fabrik in Mattersburg konnte mit stattlichem Pomp am 26. Mai 1961 eröffnet werden. Es war Herbert Felix' größter Augenblick als Unternehmensführer. Er war „nach Hause" gekommen nach Österreich. Ein guter Freund, der bei der Zeremonie zu Gast war, erinnerte sich, wie Herbert strahlte: „Ich glaube nicht, dass ich ihn je so fröhlich gesehen habe wie damals."

Doch vom Gipfel führte der Weg abwärts. Herbert Felix hatte in Wirklichkeit auf Grund unrealistischer Pläne und Erwartungen die Kontrolle über sein Lebenswerk verloren. Noch im selben Jahr, 1961, machte Sockerbolaget von seinen Optionen Gebrauch und kaufte 80 Prozent der Aktien. Alle FELIX-Unternehmen schrieben Verluste:

Schweden: minus 7,5 Millionen Kronen

Österreich: minus 3,8 Millionen Kronen

England: minus 2,0 Millionen Kronen

Norwegen: minus 0,3 Millionen Kronen

Das Geschäft mit Sockerbolaget erlangte strategisches Gewicht für die schwedische Lebensmittelindustrie: Ein Jahr später, 1962, wurde Findus vom schweizerischen Nestlé übernommen. Sockerbolagets Engagement bei AB FELIX bedeutete, dass eines von Schwedens zwei großen Konservenunternehmen in schwedischem Besitz verblieb.

Herbert Felix behielt seinen Platz als Generaldirektor und blieb nach außen hin das Gesicht des Unternehmens, doch sein Betätigungsfeld war stark eingeschränkt. Bereits bei der Aufsichtsratssitzung, die am selben Tag abgehalten wurde, als AB FELIX und Sockerbolaget den Vertrag unterzeichneten, musste ihm klar gewesen sein, dass seine Macht beschnitten worden war. Er informierte den Aufsichtsrat darüber, dass Konsum in Stockholm eine Fischfiletierungsmaschine verkaufen wolle. Er schlug einen Kauf vor: Entsprechend seines Urteils sollte die Maschine rund 150 000 Kronen kosten. Der Aufsichtsrat stimmte zu – unter der Bedingung, dass Herbert Felix „eine nähere schriftliche Begründung" lieferte und dann die Frage mit Vertretern von Sockerbolaget diskutierte. Ein Investitionsbetrag, mit dem er früher nach Belieben hätte herumjonglieren können, musste plötzlich einer Prüfung durch den neuen Haupteigentümer unterzogen werden.

Doch in öffentlichen Kommentaren für die Presse wahrte Herbert Felix den Schein: „Innerhalb von FELIX betrachten wir den Zusammenschluss mit Sockerbolaget als bedeutenden Schritt." Er versuchte auch, das Personal zu beruhigen, obwohl er eigentlich kein Mandat mehr besaß, Arbeitsplatzgarantien auszustellen: „Das bedeutet [...] nicht, dass wir die Belegschaft in Eslöv und Simrishamn verkleinern werden. Wir haben im Gegenteil großen Bedarf, uns dort weiter zu entfalten."

Herbert Felix hatte nicht nur berufliche Schwierigkeiten. An der Oberfläche schien zu Hause bei ihm und Maj in Stehag alles perfekt. Er war ganz in der Elternrolle aufgegangen und lebte trotz ansehnlicher Einkünfte ein recht alltägliches Leben, erzählte er in einem längeren Interview: „Nach der Arbeit gehe ich gerne lange spazieren. Erfreue mich am Wechsel in der Natur. Schaue fern. Rede mit der Familie über dies und das. Hole ein Buch aus dem Regal, aus verschiedenen Sortimenten."

Herbert und Maj hatten sich während des Krieges zu Hause bei Ivar und Ester Sandberg, Majs Eltern, getroffen. Es „machte klick", meint Majs Tochter Madeleine: „Ich kann mir sehr wohl vorstellen, dass sie schon 1940 ein Verhältnis hatten, weil sich Mama damals scheiden lassen wollte."

Doch die Ehe, die Herbert und Maj 1952 eingingen, war voller Probleme. Sie konnten miteinander keine Kinder bekommen, was für Herbert ein großes Unglück war. Sein Jugendtraum von „einem Haufen Kinder, der Größe nach geordnet wie Orgelpfeifen", sollte sich nicht erfüllen.

Hinter allem Charme und Optimismus trug Herbert Felix eine verwundete Seele in sich. Machtlos gegen die Kräfte der Weltgeschichte war er zur Flucht gezwungen und einer geordneten Zukunft in der Tschechoslowakei beraubt worden. Die Erlebnisse bei Dünkirchen 1944 hatten ihn erschüttert. Die Erinnerungen aus Theresienstadt vom Jahr 1945, als er für sich selbst den Krieg verlor, den seine Seite gewonnen hatte, verfolgten ihn. Er hatte seine Eltern und seinen Bruder im Holocaust verloren. Sollte er, der einzige Überlebende aus der Znaimer Familie Felix, kinderlos sterben?

Sicher ist es plausibel, dass diese bitteren Erfahrungen zu den Stimmungsschwankungen beitrugen, die so häufig über sein Umfeld hereinbrachen. Herbert Felix hatte zwar stets die Fähigkeit besessen, seine Gefühle aus- und einzuschalten, aber nach dem Krieg wurden seine Reaktionen heftiger, die Querschüsse merkwürdiger und irrationaler. Er hatte ständige Magenprobleme, erzählt Stieftochter Madeleine, doch über die Ursache wurde niemals näher gesprochen: „Mama sagte nur, ihr müsst Herbert verstehen, weil er im Krieg gewesen ist."

Wivi Peving wurde manchmal zum großen Haus in Stehag gerufen, wenn er krank war: „Im Bett liegend diktierte er. Das waren seine Nerven. Magenbeschwerden müssen wohl alle in seiner Lage haben." Frenetischer noch als zuvor wartete er anderen Frauen auf und Gelegenheiten zu Eroberungen fehlten ihm nicht: „Die Frauen ließen ihn nicht in Ruhe. Die eine wie die andere kämpfte in ihrem Feld darum, ihm am nächsten zu kommen."

Von Herberts außerehelichen Verhältnissen wurde in der Firma und in Eslöv ein Lied gesungen und Maj konnten die Gerüchte und der Tratsch nicht entgangen sein. Manchmal nahm er Telefonate seiner „väninnor" [dt. Begleiterinnen/Freundinnen] bei Anna Svensson in der Auftragsabteilung an und erklärte es ihr damit, dass „Sie ja doch auf meine Weibergeschichten pfeifen". Madeleine gibt Herbert Felix nicht die alleinige Schuld: „Es konnte sein, dass er nach Hause kam und sagte: ‚Nächste Woche fahren wir nach Paris.' Alles wird gepackt und der Chauffeur fährt vor. Da sagt Mama, dass sie nicht mitkommen will. Jetzt plötzlich macht sie Schwierigkeiten. Sie war extrem launisch und da war es nicht so merkwürdig, dass Herbert seine kleinen Geliebten hatte hie und da."

Eine weitere Belastung für die Ehe war, dass Herbert Kerstin nicht vergessen konnte, die bereits nach wenigen Jahren mit Wsewolod Bulukin gebrochen hatte. Herberts Gefühle der Dankbarkeit scheinen sich mit einer fortbestehenden Verliebtheit vermischt zu haben. Sie telefonierten täglich und Herbert half Kerstin mit Geld aus. „Sie konnten ohne einander nicht leben, aber miteinander leben konnten sie auch nicht", fasst es Wivi Peving zusammen. Gunnar Bulukin, Kerstins Sohn, lernte Herbert kennen und berichtet von „einer großartigen Beziehung". Es war beinahe, als hätte Herbert mit Kerstin und ihren beiden Kindern, Gunnar und Lillemor, eine parallele Familie: „Er nahm uns mit, um Felder zu besichtigen, und wir waren mit ihm im Werbeauto der Firma unterwegs. Herbert half bei Mama immer als persönliche Stütze aus und genauso, was ihre Finanzen betraf. Sie baute eine Riesenvilla in Billdal, 450 Quadratmeter groß, völlig in Eigenregie und plante sie auch selbst. Im Hintergrund war Herbert auch dabei. Er erließ Schulden. Sie hatte ihn sehr, sehr gern. Er nannte mich ‚kleiner Peer Gynt‘, aber ich wusste nicht, was er damit meinte. Es kümmerte ihn, wie es für mich lief. Aber weiter als das kamen wir sozusagen nicht. Es ist schwierig für einen jungen Menschen, eine Beziehung zum ehemaligen Mann seiner Mutter aufzubauen, der außerdem wieder verheiratet war und ein recht kompliziertes Leben hatte. Aber es war wohl so, dass, wenn Mamas Beziehung zu Wsewolod früher zu Ende gegangen wäre, sich vielleicht eine andere Situation ergeben hätte.“

Dass Herbert Kerstins Sohn Peer Gynt nannte, war gar nicht so verwunderlich. Der Schulaufsatz Kerstins, der sie via Willi Felix mit Herbert zusammengeführt hatte, handelte von Henrik Ibsens *Peer Gynt*.
Maj wusste, dass Herbert in engem Kontakt mit Kerstin blieb, und war davon selbstverständlich wenig angetan. Caroline Ditleff-Buchberger erinnert sich, dass Maj mit ihr darüber sprach: „‚Das ist doch nicht normal‘, sagte sie, ‚dass ein verheirateter Mann, geschieden, zwei Mal am Tag seine frühere Frau anruft.‘ Die arme Frau. Sie hatte gegen Kerstin keine Chance.“

Herbert Felix versuchte, so gut er konnte, sich in die Rolle als Leiter einer Firma mit anderem Haupteigentümer zu finden. Bei Vorstandssitzungen wehte der neue Wind immer heftiger. Seine expansive und manchmal überenthusiastische Art, das Unternehmen zu führen, wurde höflich, aber offen kritisiert, so etwas bei einer Aufsichtsratssitzung im Mai 1962: „Der Aufsichtsrat stellte in Frage, ob nicht gerade jetzt eine womöglich notwendige Überorganisation vorliege, welche man im gegenwärtigen Rechnungsjahr abzuwickeln beginnen könne, und unterstrich außerdem die Bedeutung dessen, dass neue Artikel nur nach besonders eingehenden Erwägungen einzuführen seien.“

Herbert Felix konnte sich gleichzeitig darüber freuen, dass dem Unternehmen nun notwendige Ressourcen zugeführt wurden: Zwischen 1961 und 1972 wurden 230 Millionen Kronen in Felix investiert, unter anderem durch konzerninterne Beiträge von Sockerbolaget.

Die Fabrik in Österreich machte weiter Schwierigkeiten, erhielt jedoch bald die regionale und soziale Bedeutung, die sich Herbert Felix und Bruno Kreisky erhofft hatten. Der Betrieb schuf – direkt und indirekt – tausende neue Arbeitsplätze. In einer Zeitungsreportage von 1963 wurde das Vorhaben gepriesen:

„Herbert Felix' Initiative hat eine Lebensinjektion für die Menschen im Burgenland bedeutet. Reich an fruchtbaren Böden, doch arm und unterentwickelt darbte die Gegend. Heute hat sie neue Kaufkraft erhalten […] Arbeit und Mühe war das Los dieser untertänigen Bauern für Jahrhunderte. Jetzt haben auch sie ihre Chance zu leben und versäumen auch nicht, abends freudig den Becher zu schwingen: ‚Wir haben FELIX AUSTRIA für vieles zu danken. Geradezu eine soziale Umwälzung.'"

Herbert Felix war in der Praxis zum Chef einer Tochterfirma geworden. Das gefiel ihm gar nicht. Seine Beziehung zu Sven Hammarskiöld, dem obersten Chef von Sockerbolaget, gestaltete sich recht angespannt. Sein engster Vertrauter, Sixten Holmquist, fiel zunehmend in Ungnade. Als Holmquist die Verantwortung für die Produktkontrolle übernehmen sollte, war der Vorstand dagegen.

Doch manchmal trat Herbert Felix mit derselben temperamentvollen Frechheit auf wie in den Jahren des Erfolgs. Das erfuhren die Mitglieder des Anbauvereins bei einer von Herbert Felix' letzten Verhandlungen. Er war äußerst unzufrieden, doch unabhängig von den Ergebnissen war es Brauch, dass er für ein großes Abendessen sorgte. Das Essen wurde hereingebracht und die Schnapsgläser gefüllt. Herbert stand auf und brachte einen Toast aus. Im Augenblick darauf waren frustrierte Proteste zu hören: „Das ist ja Wasser!" – „Ganz genau", sagte Herbert Felix. „Etwas Anderes habt ihr nicht verdient."

Nach 1961 war es nur mehr eine Frage der Zeit, bis Sockerbolaget seine Übernahme durch den Kauf der verbleibenden 20 Prozent vollenden würde. Im April 1964 wurde das Geschäft bekanntgegeben. Eine Notiz der Nachrichtenagentur TT unter dem Titel „FELIX jetzt im Alleinbesitz von Sockerbolaget" teilte fast im Vorbeigehen mit, dass eine Epoche zu Ende war: „Im Zusammenhang damit hat Herbert Felix, Gründer des Unternehmens, sich gewünscht, seine Stellung als Generaldirektor der Firma zu verlassen."

Sockerbolaget bezahlte insgesamt 27 Millionen für den FELIX-Deal. Ein Teil des Betrags waren auch die Bankschulden, die der neue Besitzer übernahm.

Unter dem Aufbruch litt Herbert Felix sehr, erinnert sich Wivi Peving: „Er war in die Firma verliebt, aber es war wohl notwendig, dass er ging. Wir hatten kein Geld." Eine ähnliche Schlussfolgerung zieht Björn Gavelstad. Er betrachtet Herbert Felix als einen einzigartigen Unternehmer und Verkäufer, doch auf die Frage, ob es gut für die Firma war, dass er verkaufte, antwortet er ohne Zögern: „Das war es sicher."

Mehrere von Herbert Felix' alten Mitarbeitern sagen, dass er viel zu abhängig von Sixten Holmquist geworden war, der sich zu große Freiheiten genommen hätte. Die Kritik an Holmquist ist nicht vollkommen gerecht. Er war ein hochbegabter Geschäftsmann und Innovator mit enormer Bedeutung für die Produktentwicklung bei AB FELIX. Er mochte weniger genau aufs Geld geschaut haben, aber es war Herbert Felix' Verantwortung als Generaldirektor, Grenzen zu setzen – und genau hierin scheiterte er. Ein kleines, jedoch erhellendes Detail flackert in einem Vorstandsprotokoll von 1953 auf. Sixten Holmquists Gattin Elle arbeitete als Sekretärin in der Firma zusammen mit Wivi Peving, was zu einer Vermischung von Privatem und Beruflichem führte, die im Nachhinein als symptomatisch erscheint: „Der Generaldirektor vermeldete, dass Disponent Sixten Holmquist am 3. Mai auf Kosten des Unternehmens nach Amerika zu reisen gedachte, wobei Frau Holmquist als seine Sekretärin mitfahren sollte."

Wivi Peving hat ein deutliches und schönes Andenken von Herberts letztem Tag als ihrem Chef bewahrt. Sie erzählte – ein bisschen geheimnisvoll – davon, als sie 1987 in Pension gehen sollte:

„Er war eine facettenreiche, eindrucksvolle Persönlichkeit, ein Unikum. Als er die Firma endgültig verließ, gab er mir einen unschätzbaren Schatz. Er gab mir ‚Worte auf dem Weg‘, kleine, kernige Lebensweisheiten, die eine Art Leitstern für mich geworden sind. Ich habe sie in meinem Herzen versteckt und eingepflanzt und bei Bedarf hervorgeholt. Sie haben mir Stärke und Besinnung gegeben.“

Es leitete sich eine neue – und die letzte – Phase in Herbert Felix’ Leben ein. Er hatte es eilig. Einer seiner engsten Freunde dieser Zeit beschreibt es so: „Es wird gesagt, dass er Frauen jagte. Das war nicht die ganze Wahrheit. Er jagte ein Kind.“

Das Ende

„Wir ließen die Hände des andern nicht los. Ich hatte fürchterliche Angst."

Als er die Leitung von AB FELIX in Eslöv aufgegeben hatte, entschied sich Herbert Felix, nach Mitteleuropa zurückzukehren. Er liebte Österreich, doch er wählte ein anderes Land. Zusammen mit Maj ließ er sich in Ascona am Lago Maggiore im italienischsprachigen Schweizer Kanton Tessin nieder. Es waren nicht bloß die schöne Umgebung, das behagliche Klima und die zentrale Lage in Europa, die verlockten. Es gab auch finanzielle Gründe, wie Christina Groth, seine älteste Stieftochter, hervorhebt: „Die Steuern waren niedrig."

Ein weiterer Faktor mag von Gewicht gewesen sein für seinen Entschluss, ins Ausland zu ziehen, nun, wo er keine offizielle Stellung mehr besaß, auf die er zurückfallen konnte: die Einstellungen, die sich in Ausdrücken wie „fremder Vogel" widerspiegelten.

Christina Groth behauptet felsenfest, dass sich Herbert Felix in Schweden vollkommen zu Hause fühlte, doch gute Freunde vermitteln ein etwas anderes Bild, unter anderem jenes einer „Kälte von Seiten der finanziellen Oberschicht". Gunnar Bulukin meint, dass „es nicht leicht war für ihn, mit seiner jüdischen Herkunft in der besseren Gesellschaft in Torekov akzeptiert zu werden".

„Man dachte nie besonders daran, dass er jüdisch sei", sagt Caroline Ditleff-Buchberger, „aber ich erinnere mich sehr gut, dass er, wenn jemand auf ihn herabblickte, den Ausdruck benutzte, der Betreffende betrachte ihn als ‚einen schmutzigen alten Juden'."

Herbert Felix war nur 56 Jahre alt, als er AB FELIX verließ. Er war seiner Natur nach aktiv und rastlos und es dauerte nicht lange, bis er sich eine neue Beschäftigung verschaffte. Auf Grund des Verkaufsvertrages mit Sockerbolaget war es ihm nicht gestattet, als Konkurrent in der Lebensmittelbranche aufzutreten. Stattdessen bot er seine Dienste der FAO an, der Lebensmittel- und Landwirtschaftsorganisation der Vereinten Nationen, innerhalb welcher er in Rom 1965 einen ehrenamtlichen Auftrag annahm. Er sollte als Berater für industrielle Verarbeitung landwirtschaftlicher Primärgüter fungieren, um bessere Voraussetzungen für die Zusammenarbeit zwischen der Dritten Welt und der Lebensmittelindustrie der reichen Länder zu schaffen. Mit dem Titel eines Direktors stieg er zum ranghöchsten Schweden innerhalb der Organisation auf.

Herbert und Maj besorgten sich eine schöne Wohnung in der Nähe des Hauptquartiers der FAO und pendelten einige Jahre lang zwischen Rom und Ascona, die Sommer verbrachten sie weiterhin in Torekov.

Herberts Engagement bei der FAO war recht weitreichend. Man ernannte ihn zum Chef einer frisch eingerichteten Industrieabteilung, „The Industry Cooperative Program", und er nahm in der Direktion der FAO Platz. In seiner Eigenschaft als FAO-Direktor unternahm er Reisen in Länder der Dritten Welt. Die erste führte ihn im Februar 1966 nach Indien und wurde kurzfristig angesetzt wegen „der Notlage in der Lebensmittelversorgung in Indien und der dringenden Notwendigkeit, die Lebensmittelproduktion im Land zu steigern". An der Spitze einer kleinen Delegation sollte Herbert „das Klima für ausländische Investitionen in der Landwirtschaftsindustrie untersuchen".

Die Erhebungen, die vom Kunstdünger bis zur Konservierung alles betrafen, brachten, so Herbert Felix, durchaus gewisse Resultate. Er wies insbesondere darauf hin, dass das Budget, das im indischen Parlament kurz nach dem Besuch der FAO-Delegation vorgelegt wurde, Maßnahmen enthielt, die er empfohlen hatte, so etwa Stimuli für die Kapitalmärkte und Steuererleichterungen für den privaten Sektor.

Wie üblich hatte Herbert Felix hochfliegende Ambitionen und entwickelte eine enge Zusammenarbeit mit einem anderen Lebensmittelindustriellen, Paul May, der in Ascona zu einem guten Freund geworden war. Doch die Korruption und die Bürokratie innerhalb des UN-Systems führten zu einer zunehmenden Desillusionierung, meint Madeleine Lundvall: „Er wurde so wütend, als er sah, dass vielleicht die eine Hälfte der Gelder dorthin ging, wohin sie sollte, während die andere für Flugtickets in der ersten Klasse und Luxushotels draufging. Man schickte Traktoren nach Äthiopien, obwohl sie dort kein Benzin hatten. Was sollen sie dort mit den Traktoren? So etwas versuchte er ihnen klarzumachen."

Die Villa in Ascona und die Wohnung in Rom wurden häufig von Angehörigen und Bekannten aus Schweden besucht. Madeleine erinnert sich, wie sie und Herbert in der italienischen Hauptstadt „in den Straßenbars aus- und eingingen", um dort Liköre zu kosten. Herbert Felix bereute sein Leben lang, nicht das Likörrezept der Familie Felix aus der Tschechoslowakei mitgenommen zu haben, als er 1938 floh. Gute Freunde auf Besuch in Ascona wurden in einer luxuriös eingerichteten Gästewohnung einquartiert, die Herbert und Maj in einem Anwesen mieteten, das oberhalb ihrer eigenen Villa lag: „Sie nannten sie ‚das Schloss' und es fühlte sich wirklich an, wie in einem Schloss zu wohnen", erinnert sich Ester „Nanna" Jeppsson. Das Wandern war weiterhin Herberts Lieblingsbeschäftigung und er nahm oft Gäste zu einer kleinen Hütte mit, über die er oben in den Bergen verfügte.
Er blieb in ständiger Verbindung mit Kerstin. Unter ihren nachgelassenen Papieren im Riksarkiv gibt es eine Menge an Briefen und Ansichtskarten aus Ascona und Rom und von Herberts Reisen in die USA und andere Länder. Auch seine außerehelichen Liaisonen setzte er fort. Madeleine sah, was vor sich ging: „Er hatte solch unerhörten Charme und die Frauenzimmer liefen ihm nach wie, ich weiß nicht, was. Er hatte irgendeine Künstlerin in Ascona und es gab andere."
Eine, die Herberts Frauengeschmack aus der Nähe kennenlernte, war Hellen Ohlin. Sie arbeitete bei Sida und besuchte bei ein paar Gelegenheiten die FAO, als Herbert Felix dort tätig war. Anlässlich einer dieser Reisen wollte sie in Rom Urlaub machen und Herbert Felix bot ihr an, in seiner Wohnung abzusteigen und über sein Auto zu verfügen, inklusive Chauffeur: „Maj war verreist zum Haus in Ascona, glaube ich. Herbert blieb nur noch zwei Tage in Rom. Das war ein Glück. Er war gefährlich charmant."

Zu dieser Zeit wurde Maj, die stets ihr Äußeres gepflegt hatte, von den Folgen einer scheußlichen Fehlbehandlung geplagt. Eine beschwerliche Hautkrankheit sollte mit Radium behandelt werden, doch die Dosis geriet viel zu hoch und brannte ihr eine Wunde in die Stirn, die nicht heilen wollte. Sie durchlief eine Operation nach der andern.

In dieser Zeit, in der Maj bereits schwer geprüft war, bekam Herbert Felix ein Kind mit einer anderen Frau. Seine Tochter wurde 1967 in Ascona geboren. Die Umstände waren schockierend und sind immer noch äußerst empfindlich, besonders unter Rücksichtnahme auf die minderjährigen Kinder der Tochter.

Madeleine erinnert sich an die Reaktion: „Als wir es erfuhren, sagten wir zu Mama: ‚Dass du ihn nicht rauswirfst! Raus mit ihm!‘"

Herbert Felix wurde nicht hinausgeworfen. Stattdessen wurde eine eigenartige Taufzeremonie im Garten in Ascona durchgeführt, unter Majs Anwesenheit. Doch natürlich litt die Ehe. „Es war fürchterlich für Maj", erzählt ein enger Freund der beiden. „Sie kam nie darüber hinweg und das verbitterte sowohl ihr Leben als auch das Herberts."

Herbert Felix' Tochter meint, keine eigenen Erinnerungen an ihren Vater zu haben. Herbert Felix starb noch vor ihrem sechsten Geburtstag. Doch sie weiß sehr wohl, wer er war, und ist stolz auf ihn: „Ich habe viel davon gehört, wie er nach Schweden kam und wie er das Unternehmen aufbaute. Er begann eigentlich bei Null und das, muss ich sagen, ist phantastisch. Er war ein braver Mensch, bloß haben ja alle ihre kleinen Geheimnisse, so Sachen, die nicht rauskommen sollen. Deshalb, glaube ich, ist es besser, wenn die Leute nicht alles wissen."

Trotz des außerehelichen Kindes waren Maj und Herbert weiterhin verheiratet und dem Fotoalbum nach zu urteilen wurde Herberts kleine Tochter beinahe zum Mittelpunkt des Familienkreises. Für Außenstehende mutet diese Toleranz ans Absurde grenzend an. War der diskrete Charme der Bourgeoisie hier am Werk, den Schein zu wahren? Oder beruhte es darauf, dass Maj wusste, wie sehr sich Herbert nach einem eigenen Kind sehnte? Die Antwort auf das Rätsel ist mit den beiden verschwunden.

Wieder und wieder griffen weltpolitische Ereignisse in das Leben von Herbert Felix ein. Zum letzten Mal geschah dies 1968. Durch Zeitungen und das Fernsehen konnte Herbert Felix den hoffnungsvollen Entwicklungen in der Tschechoslowakei folgen, in der Parteichef Alexander Dubček einen „Sozialismus mit menschlichem Antlitz" aufbauen wollte. Die Tschechoslowakei war nie entstalinisiert worden. Nach Nikita Chruschtschows Abrechnung mit dem Stalinkult 1956 hatte sich Dubčeks Vorgänger als Parteichef, Antonín Novotný, solchen Vorschlägen aus Moskau widersetzt. Doch die Freiheitsgefühle, die in Ungarn und Polen 1956 an die Oberfläche gedrungen waren, brachen zuletzt ebenso in der Tschechoslowakei hervor, wenn auch mit zwölfjähriger Verspätung.

In der Nacht vom 20. zum 21. August 1968 fand der Prager Frühling sein Ende. Truppen aus der Sowjetunion, Polen, Ostdeutschland, Ungarn und Bulgarien marschierten in der Tschechoslowakei ein. Eine so genannte „Normalisierung" wurde eingeleitet. Tschechische Intellektuelle und Künstler, die eine kurze, doch blühende Freiheitszeit erlebt hatten, flohen in den Westen. Einer von ihnen war der vierundzwanzigjährige Künstler Jan Jedlička, der bei Herbert Felix Zuflucht fand. Axel Christensen, ein Galerist in Göteborg, war in der Sache engagiert und schrieb an ihn: „Ich bin froh von Jan Jedlička zu hören, dass er bei Ihnen ist, und ich hoffe, dass Sie ihm helfen. Jan Jedlička ist ein sehr außergewöhnliches Künstlertalent, jeder Hilfe wert […] Wenn Sie bei der Kunst genauso tüchtig sind wie bei Ihren wunderbaren Gurken, dann ist Jedlička in guten Händen."

Jan Jedlička wohnt und arbeitet heute in Zürich. Er erzählt selbst von seiner Flucht und von seinem Kontakt mit Herbert Felix:

„Ich befand mich mit meinen Eltern in Jugoslawien, als die Invasion stattfand. Wir wagten nicht, zurückzukehren, und wussten nicht, wohin wir sollten. Durch einen Verwandten erfuhren wir, dass Herbert uns helfen könnte, also riefen wir ihn in Rom an. Er sagte uns, dass wir schleunigst dorthin fahren sollten. Dort wohnten wir bei Herbert ungefähr zehn Tage. Dann fuhren wir nach Ascona, wo er mir eine Wohnung verschaffte. Ich erinnere mich wirklich gut daran, was er sagte: ‚Wenn einer von uns in den Westen kommt, helfe ich immer mit.' Mit ‚uns' meinte er uns Tschechen. Wir wurden sehr gute Freunde."

Am Ende der Sechzigerjahre befand sich Herbert auf einem steil abfallenden Abhang, persönlich und beruflich.

Er verließ die FAO 1969, enttäuscht darüber, seinen Ideen kein Gehör verschaffen zu können. Seine Erlebnisse zehrten auch rein physisch an ihm. Er hatte eine Familie in der Tschechoslowakei verloren und ein neues Leben in Schweden aufgebaut, nur um zu verderben, was er erreicht hatte. Die Magenbeschwerden gingen in Herzprobleme über.

„Er konnte nicht mehr", sagt Madeleine Lundvall. „Am Ende war er in einem Spinnennetz gefangen und konnte nicht mehr heraus. Er hatte es in den Sand gesetzt, sowohl mit den Frauenzimmern als auch mit sich selbst."

Mitten in seinem selbstverschuldeten Elend konnte er sich jedoch darüber freuen, dass das Unternehmen, das er aufgebaut hatte, sich stets weiterentwickelte. Manchmal besuchte er die Fabrik in Eslöv und pflegte ein ausgezeichnetes Verhältnis zu Sven O. Månsson, seinem tüchtigen und hochgeschätzten Nachfolger. Månsson, der Herbert Felix als „einen großen Industriellen" bezeichnete, wandte sich hin und wieder an ihn, um Ratschläge und Perspektiven zu erhalten. Anfang der Siebzigerjahre hatte AB FELIX insgesamt 2800 Angestellte und Fertigprodukte machten einen ebenso großen Teil des Umsatzes aus wie das Gemüse, das früher vorherrschend gewesen war. Herbert Felix konnte sogar noch einen weiteren Besitzerwechsel miterleben. Im Dezember 1972 verkaufte Sockerbolaget 75 Prozent von FELIX an den britischen Konzern Cavenham.

Vielleicht nahm Herbert Felix auch Notiz von einer kulinarischen Reaktion gegen die fertigen Lebensmittel, die er in Schweden einzuführen geholfen hatte, oft nach amerikanischem Vorbild. Diese Reaktion wurde von Tore Wretman angeführt, der 1967 das Buch *Svensk Husmanskost* herausgab, in dem er für die traditionelle schwedische Kost in die Schlacht zog: „Heute wird unsere Küche vielleicht am stärksten von den USA beeinflusst, doch es ist nicht viele

Jahre her, dass dasselbe Land in unserem Bewusstsein keine andere Rolle spielte als die des abschreckenden Beispiels – das Land ohne Esskultur."

Der Text auf der Rückseite von Wretmans Buch richtete eine Spitze gegen ein besonderes Produkt, das mit Felix verbunden war: „Bald wird die Kunst, *pölsa* [dt. Grützwurst] zu kochen und *kalvdans* [dt. „Kalb tanzen"; ein milchhaltiges Dessert] zu machen vergessen sein. Ravioli in der Dose vom Selbstbedienungsladen ersetzen zu Hause gemachte *kåldolmar* [dt. Kohlrouladen]."

Herbert Felix, ein Flüchtling aus der Tschechoslowakei, hatte indirekt zu einer Renaissance der schwedischen Hausmannskost beigetragen.

Einen seiner letzten Briefe, geschickt aus Madeira Ende März 1973, schrieb Herbert an Kerstin – die Frau, die er niemals vergessen konnte. Er scheint den Gedanken an den Tod in sich getragen zu haben: „Deine Befürchtungen wegen der Forderungen meiner Erben nach Zinsen für das Darlehen sind vollkommen unnötig. Du weißt, dass das Darlehen zinslos gegeben ist."

Herbert Felix war reich, aber nicht steinreich. Der doppelte Wohnsitz in Rom und Ascona hatte an dem Kapital gezehrt, von dem er lebte: „Meine Einnahmen reichen allerdings vorerst noch gut aus, aber es wäre nicht gegangen, in diesen Tagen mit denselben Ausgaben wie in Schweden zu leben."

Im selben Brief erzählte er Kerstin, dass er vorhatte, nach Torekov zu reisen, aber zuerst sollte er am 12. April „mit Bruno zum Skifahren nach Lech". In Österreich trafen ihn akute Herzprobleme, doch er wurde blitzschnell ärztlich behandelt, da er sich ja in Gesellschaft des Regierungschefs des Landes befand. Als Herbert Felix nach Schweden heimkam, aß er mit Sven O. Månsson zu Mittag. Månsson bemerkte nicht, dass etwas nicht stimmte. Er wirkte „gesund und munter", sagte er danach.

Doch Caroline Ditleff-Buchberger machte sich Sorgen um seinen Zustand, als sie und Fritz Maj und Herbert in Torekov besuchten:

„Wir machten einen Spaziergang. Herbert sah sehr schlecht aus und keuchte. Ich fragte, wann er zum Arzt sollte. ,Nächste Woche', sagte er. ,Du musst früher gehen', sagte ich. ,Du schaffst das nicht.' ,Doch, das werde ich', sagte er. Am Abend sollten wir nach Hause fahren und ich sagte ihm Adieu. Wir ließen die Hände des andern nicht los. Ich hatte fürchterliche Angst. Er hatte Fritz aus der Tschechoslowakei geholt, er hatte mir mit so vielem geholfen und wir waren einander menschlich unerhört nahegekommen. Wir gingen zum Ausgang und er kam mir wieder nach und nahm meine Hand. Ich setzte mich ins Auto. Fritz war wohl nicht klar, wie schlecht es um Herbert stand. Ich begann zu weinen und sagte: ,Wir sehen ihn nie mehr wieder'."

Herbert Felix starb im Schlaf in der Nacht von Samstag, dem 5. Mai auf Sonntag, den 6. Mai 1973 in Torekov. In der *Sydsvenskan* wurde der Todesfall in einer einfachen Anzeige mitgeteilt: „Herbert Felix. Geliebt – vermisst." Das Begräbnis fand in Ängelholm statt und am 30. Juli wurde die Urne in einer privaten Zeremonie in Eslöv beigesetzt, wo ein betrübter Bruno Kreisky im Auto des Landeshauptmanns eintraf.

Herbert Felix' Tochter hat niemals die Firma besucht, die ihr Vater aus dem Keller an die Spitze geführt hatte. Doch jeden Sommer begibt sie sich nach Eslöv, um eine Blume auf sein Grab zu legen.

Nachwort zur Biographie

Seit Herbert Felix' Tod 1973 haben die Besitzer des Unternehmens häufig gewechselt. Jeder neue Eigentümer hat dem Betrieb in Eslöv seine spezielle Prägung verliehen.

Das britische Cavenham übernahm 1975 sämtliche Aktien von Sockerbolaget. Das Sortiment von FELIX wurde unter anderem um tiefgefrorene Pizza erweitert, aber Cavenhams wichtigster Beitrag war ein zielbewusstes Streben nach verbesserten Resultaten. Die Systeme für die Rechnungslegung, Budgetierung und Kostenkontrolle, so vernachlässigt unter dem Pionier, wurden jetzt gestrafft.

Cavenham entschied sich 1980, dem amerikanischen Markt Priorität zu verleihen, und verkaufte FELIX an Anders Walls Beijerinvest, unter welchem Felix zur größten Firma in einer Lebensmittelgruppe aufstieg, die auch Abba und Ramlösa umfasste.

Nachdem Beijerinvest im Jahr darauf in Volvo aufging, wurde FELIX ein Teil des größten Industriekonzerns in Skandinavien. Drei Jahre später bildete Volvo eine gemeinsame Firma für seine Lebensmittelunternehmen, Provendor, in welcher FELIX zur Mutter in einem Konzern wurde. Diese Jahre in den Achtzigern waren geprägt von Expansionen sowohl im Heimatmarkt wie auch im Ausland sowie von Umstrukturierungen und Personalentwicklungen. Am Ende der Dekade hatte der Umsatz des FELIX-Konzerns zwei Milliarden Kronen überschritten.

Provendor fusionierte 1990 mit Procordia und Pharmacia, seit 1995 war die Marke FELIX Teil der Procordia Food AB innerhalb des norwegischen Orklakonzerns. Procordia Food ging 2014 in Orkla Foods Sverige auf – mit Hauptquartier in Eslöv. Zur Gruppe gehören neben FELIX bekannte Marken wie Önos, Ekströms und Bob.

Unter diesen wechselnden Eigentümern hat es immer wieder einmal Interesse an der Geschichte des Unternehmens im Allgemeinen und für Herbert Felix im Besonderen gegeben.

Sockerbolaget war daran gelegen, Herbert Felix' Rolle herunterzuspielen, auch wenn er und Sven O. Månsson ein ausgezeichnetes Verhältnis hatten. Ralf Galme, der Månsson 1974 als Generaldirektor nachfolgte, war indes der Ansicht, dass die Vergangenheit vorteilhaft verwertbar war. Es war Galme, auf den die Initiative zum Buch des Wirtschaftshistorikers Jan Kuuse über das Unternehmen zurückging.

Ralf Galme und sein Nachfolger Björn Gavelstad streichen die Bedeutung von Herbert Felix nicht nur für die Firma, sondern für die schwedische Lebensmittelindustrie überhaupt heraus.

Galme weist auf Herberts Interesse an den Primärprodukten und seinen extrovertierten Führungsstil hin, aber erinnert wie so viele andere daran, dass Herbert Felix und Sixten Holmquist „manchmal ein bisschen zu brillant und zu kreativ sein konnten".

Björn Gavelstad betrachtet Herbert Felix als herausragenden Vermarkter und einen Unternehmensführer, der schon früh die Bedeutung der Internationalisierung erkannte: „Er wollte hinaus. Es gab keine anderen Lebensmittelunternehmen, die so dachten."

Die alten Produkte von FELIX machten weiterhin Schlagzeilen – und das ist gar nicht so merkwürdig: Laut einer Untersuchung aus den Neunzigern war FELIX eine der zehn bekanntesten Marken in Schweden.

Als die Ketchupflasche aus Plastik fünfzig Jahre alt wurde, brachte dieses Jubiläum nicht bloß eine Werbekampagne, sondern auch die Aufmerksamkeit der Massenmedien mit sich. Die bahnbrechende Verpackung, lanciert 1956, gehört zum selben Jahrgang wie Björn Borg, Ingemar Stenmark und der Volvo Amazon.

Die Bostongurke war Ursache eines zähen Streits zwischen Björnekulla und FELIX. Björnekulla aus der Konsum-Familie begann 1999 eine Gurkenmischung mit der Bezeichnung Bostongurke zu verkaufen, worauf Procordia Food wegen der Verletzung seiner Marke den Konkurrenten vor Gericht zerrte. Procordia Food bekam 2001 vor Stockholms tingsrätt [dt. Amts- oder Landgericht] Recht, während der EuGH in einem Gutachten von 2004 Björnekulla teilweise stützte. Im Jänner 2006 wurde mitgeteilt, dass die Parteien einen Vergleich erreicht hatten, der erbrachte, dass Procordia Food – und damit auch FELIX als Teil der Gruppe – das alleinige Recht auf die Bostongurke hat.

Zum Teil als Folge der Aufmerksamkeit rund um das Erscheinen von *Konservkungen* wurde 2006/07 das Herbert Felix-Institut in Eslöv gegründet, „ein Zentrum für Meinungsbildung, Forschung und Erfahrungsaustausch über die Bedeutung von Einwanderung und Unternehmertum für die Gesellschaftsentwicklung". Das Institut arrangiert unter anderem Seminare und erteilt Stipendien.

Auf dem Fabriksgelände verfielen die alten Gebäude, um schließlich abgerissen zu werden. Der „Turm", Herberts hochgelegenes Büro, wurde mit der Zeit aufgrund von Schimmel und Verfall unbrauchbar. An einem kalten und diesigen Herbsttag 2006, als das Klima Skånes sich von seiner schlimmsten Seite zeigte, war das Bild besonders traurig. Ein Kreis schloss sich: die Gebäude, in denen ein Flüchtling aus der Tschechoslowakei vor

Nachruf auf Herbert Felix in Burgenländische Freiheit, 16. 5. 1973

Ein Freund des Burgenlandes ist gestorben

Konsul Herbert Felix ist gestorben. Der Tod hat ihn mitten aus der Arbeit gerissen, aus einer Arbeit, der auch die Wirtschaft des Burgenlandes viel verdankt und die zum Aufstieg des Grenzlandes viel beigetragen hat.

Er stammte aus Znaim, wo er sich in der Konservenfabrik seines Vaters jene Fachkenntnisse aneignete, die ihn befähigten, 1938, nach seiner Emigration nach Schweden, in der Heimat seiner Frau ein ähnliches Unternehmen aufzubauen. In den fünfziger Jahren weitete Konsul Felix, angeregt von seinem Vetter Dr. Kreisky, seine Initiativen auf das Burgenland aus und wurde ein Pionier jener Industrialisierungswelle, die mit ein Kernstück der Aufbauleistungen des Burgenlandes in den letzten Jahren gewesen ist. 1959 gründete er in Mattersburg die Konservenfabrik, die auch heute noch seinen Namen trägt, und schuf damit nicht nur hunderte Arbeitsplätze, sondern trug in einem klassischen Obst- und Gemüsegebiet auch entscheidend zum Abbau der Strukturschwäche der Landwirtschaft und zu ihrer Umstellung auf einkommensintensivere Spezialkulturen bei.

Er war einer der ersten, der die Neugründung eines Großbetriebes in diesem Grenzland wagte, damit einen Bann brach und Vorhut einer ganzen Entwicklung wurde, die die natürlichen Gegebenheiten des Landes zum Wohle aller nutzte.

Das Land stattete ihm 1971 mit der Verleihung des Großen Ehrenzeichens einen kleinen Teil jenes Dankes ab, den es ihm schuldet und über seinen Tod hinaus schulden wird.

fünfzig Jahren eine Großindustrie erschaffen hatte, führten die Gedanken zu einer Fabrik in der Tschechoslowakei der Fünfzigerjahre.

Doch eine graue und heruntergekommene Fassade vermag an der Tatsache nichts zu ändern, dass Herbert Felix, der das alles begründet hat, eine Persönlichkeit voll der wunderbarsten Farben war, deren Leben und Taten bekräftigen, dass die Geschichte des schwedischen Wohlstands nicht bloß in blau und gelb geschrieben werden kann.

Dieses Lebensbild ist eine geringfügig gekürzte Fassung der von Martin Andersson ins Deutsche übersetzten Biographie „Konservkungen" von Per T Ohlsson, erschienen im Bonnier Verlag 2006 (Neuauflage 2015).

*Die Recherche von Oliver Rathkolb hat ergeben, dass es sich bei diesem Geschäftspartner um Joseph Löw, einen Spezereiwarenhändler aus Wien (mit späterer Niederlassung in Oblas nahe Znaim) handelt.

**Laut Hinweis von Oliver Rathkolb hatte Bruno Kreisky einen für Großbritannien, Südamerika und Mexiko gültigen Pass. Er selbst gab bei der Gestapo Bolivien als Auswanderungsland an, weil es „das erste weit entfernte Land war, das mir in den Sinn kam."

FELIX in Mattersburg
Mattersburg und FELIX

Von Eduard Sieber

Gegen Ende der FünfzigerJahre des letzten Jahrhunderts wurde von allen politischen Lagern des Burgenlandes – damals allerdings nur ÖVP und SPÖ – daran gearbeitet, aus dem ziemlich rein agrarischen Burgenland ein Land mit industriellen Perspektiven zu machen. Dazu kam, dass ein Großteil der burgenländischen ArbeiterInnen als PendlerInnen in Wien und Niederösterreich tätig waren (in den Ansprachen bei der Eröffnung von FELIX AUSTRIA ist von 20.000 Arbeitern die Rede), die meisten als Wochenpendler. Mattersburg hat – sicher nicht nur zur Ankurbelung der Beschäftigung auf dem

Bausektor – ein Wohnbauprojekt auf die Beine gestellt, das für eine Kleinstadt wie Mattersburg doch eine beachtliche Dimension erreichte. In der Gemeinderatssitzung vom 25. Juni 1954 wurde ein Teilregulierungsplan des Judenviertels von Architekt Julius Kappel genehmigt. In der Gemeinderatssitzung vom 28. Jänner 1955 wurde mitgeteilt, dass die Pöttschinger Siedlungsgenossenschaft Grundstücke in der ehemaligen jüdischen Gemeinde kaufen wird, um dort Wohnungen zu errichten. Damit startete das Projekt „Wohnhausanlage Judengasse". Abgeschlossen wurde dieses Projekt mit dem Bau des Hochhauses 1965 bis 1969.

In diese – sagen wir – aufregende Phase der Entwicklung der Stadt Mattersburg fallen die Planung und Errichtung der Konservenfabrik FELIX AUSTRIA. Es gibt viele Erzählungen und offizielle Informationen über die Gründung von FELIX AUSTRIA in Mattersburg. In einem Gespräch teilte mir DI Dr. Hermann Flotzinger, der erste Direktor der FELIX, mit, wie es zur Gründung kam: Er habe sich im Laufe seiner Studien in den USA auch mit der Konservenproduktion befasst. Während der Arbeit an seiner Dissertation in Wien trat sein Professor mit der Bitte an ihn heran, ihm behilflich zu sein. Die USA planten, mit Hilfe der ehemaligen ERP-Mittel in Österreich Standorte für Industrieansiedlungen zu suchen – konkret für die Konservenindustrie, vor allem für die Gebiete der ehemaligen sowjetischen Besatzungszone, die damals „Österreichische Entwicklungsgebiete" genannt wurden. Im Rahmen dieser Förder- und Ansiedlungsprojekte lernte Dr. Flotzinger im Jahr 1958 den Norweger Börje Erikson kennen, der für die schwedische Firma FELIX AB tätig war. Flotzinger führte weiter aus:

„Der Chef dieser Firma, Herbert Felix, war ein Altösterreicher aus Znaim, der in Österreich einen Zweigbetrieb seines schwedischen Unternehmens errichten wollte. Erikson fragte an, ob wir bei der Errichtung behilflich sein könnten. Natürlich müsse er zunächst überprüfen, ob die Voraussetzungen für die Errichtung eines Betriebes passend wären. Ich habe bald erfahren, dass Herbert Felix ein Cousin von Bruno Kreisky ist, der damals Staatssekretär im Außenministerium war. Es war mir klar, dass ich dieses Projekt selber betreuen würde müssen, da es durch die politischen Verbindungen

relativ heikel war. Es begann also die Zusammenarbeit mit Erikson, ich zeigte ihm die Möglichkeiten auf, er nannte die Bedingungen für eine Zusammenarbeit [...] Ein Hauptargument war, dass das Unternehmen seinen Sitz in Ostösterreich haben müsste, da AB FELIX vor allem an Gurken aus dem Seewinkel interessiert wäre, auch an Erbsen. Diese Gemüse seien in entsprechender Menge und Qualität im Seewinkel vorhanden. Die Nähe zu Ungarn böte den Zugang zu billigem Fleisch. Das größte Problem wäre allerdings die Wasserversorgung und die Abwasserentsorgung.

Die Projekte, die damals im Burgenland bzw. in den anderen Entwicklungsgebieten zur Diskussion standen, waren vor allem Industrieparks. Rudolf Strodl, der damalige Bürgermeister von Mattersburg, teilte mir seine Bereitschaft mit, so ein Projekt eventuell in Mattersburg zu realisieren. Mit Erikson haben wir uns die Lage in Mattersburg angeschaut [...] wieder war das Wasser- bzw. Abwasserproblem vordergründig. Ich habe mir dann einen Termin bei Landeshauptmann Wagner besorgt. Ich habe ihm gesagt, dass Interesse bestünde, aber das Problem sei das Abwasser. Erikson hatte immer von 280.000 bis 300.000 Einwohnergleichwerten gesprochen [...] also – sozusagen – das Abwasser des ganzen Burgenlandes. Landeshauptmann Wagner erkundigte sich bei den „Abwasserleuten" nach dem derzeitigen Stand [...] Diese erklärten, dass gerade im Hinblick auf Abwasser unbedingt etwas geschehen müsse. Nach langem Hin und Her wurde erklärt, dass ein „Wasserleitungsverband Nördliches Burgenland" gegründet werden würde, der das Problem lösen würde."

Es war z. B. auch sehr wichtig, dass Mattersburg einen großen Verschubbahnhof hatte, also ein Transport per Bahn möglich war. Eines der ersten größeren Bauvorhaben bei FELIX AUSTRIA war die Errichtung eines Gleises vom Bahnhof zur FELIX mit einer mächtigen Brücke über die spätere „Felixstraße". Dieses große Plus für den Abtransport der Konserven erwies sich für den Transport der landwirtschaftlichen Produkte aber als unzweckmäßig, da die Zulieferbetriebe nicht an der Bahn lagen.

Der offizielle Beschluss des Gemeinderates zur Unterzeichnung des Vertrages zwischen der Stadtgemeinde und dem Unternehmen AB FELIX (damals noch nicht AUSTRIA) erfolgte in der Gemeinderatssitzung vom 31. Oktober 1958. Von einer Flugreise nach Eslöv erzählten die teilnehmenden Stadträte und der Bürgermeister, dass sie sehr „holprig" verlaufen sei, man sei von einem Luftloch ins nächste gekollert.

Es gibt Fotos vom Sommer 1959, die den Baubeginn auf dem Baugrund für die zukünftige Fabriksanlage zeigen (24. August 1959). Zwei Bagger fahren auf, um die ersten Spuren in das Gelände zu legen. Etwa zur gleichen Zeit ist Konsul Herbert Felix auf der Baustelle mit einer Delegation aus Schweden zugegen. Mit großer Geste zeigt er die Dimensionen des zukünftigen Baus.

Die offizielle Feier der Grundsteinlegung fand am 23. Jänner 1960 unter Anwesenheit von großer Prominenz wie etwa Sozialminister Anton Proksch, Landeshauptmann Johann Wagner und Landeshauptmann-Stellvertreter Alois Wessely statt.

Besichtigung des Werksgeländes

161

Baubeginn

Die „Burgenländische Freiheit" vom 30. Jänner 1960 berichtet:
„[...] *an diesem Tage wurde der Grundstein zu einem Werk gelegt, das unsere ganze Wirtschaft befruchten kann, durch das zahlreiche neue Arbeitsplätze geschaffen werden und das vor allem unseren Bauern neue und sichere Absatzmöglichkeiten für ihre Produkte garantiert."*
Es gab aber auch Einwände gegen die Vorgangsweise der Landesregierung und der Stadtgemeinde. So kritisiert etwa ein Artikel in der Presse vom 12. März 1960, dass *„die neue Firma* [...] *nämlich die Baugründe als Geschenk der öffentlichen Hand erhalte, es sollen ihr bevorzugte Kredite, steuerliche Erleichterungen, kostenlose Dienstleistungen wie Aufschließungsarbeiten* [...] *zur Verfügung gestellt werden. Auf diese Weise* [...] *könne die neue Firma* [...] *billigere Preise bieten.* [...] *Dadurch entstehe aber die Gefahr, dass wohl neue Arbeitsplätze in einem bestimmten Gebiet geschaffen, gleichzeitig aber Arbeitsplätze derselben Branche in einem anderen Gebiet aufs Spiel gesetzt werden."*

Natürlich galten und gelten diese Vorteile für alle im Burgenland – und wahrscheinlich auch sonst in Österreich – neu angesiedelten Betriebe.

Die Sitzungsprotokolle des Gemeinderates bestätigen obige Befürchtungen. Die Gemeinde nimmt einen Rahmenkredit von 2 Millionen Schilling bei der für diese Zwecke geschaffenen Kommunal-Kredit AG Wien für den Baugrund und die Aufschließung auf. Ein weiterer Rahmenkredit von 10 Millionen Schilling wird für die Errichtung der FELIX bei der Kommunal-Kredit aufgenommen, wie aus der Gemeinderatssitzung vom 20. Dezember 1958 hervorgeht. Am 11. März 1959 beschließt der Gemeinderat die Aufnahme eines Darlehens von 5 Millionen Schilling für FELIX AUSTRIA und noch am 31. Juli 1970 werden für den weiteren Ausbau 10 Millionen Schilling aufgenommen – vielleicht ein weiterer Grund für die Ansiedlung in Mattersburg.

Dr. Flotzinger teilte in dem Gespräch mit, dass Börje Erikson, sein Partner vonseiten FELIX', die Firma 1959 verließ und daraufhin er die Firmenleitung übernahm. In einem Gespräch mit Herbert Felix teilte ihm dieser die Betriebsphilosophie mit:

„Erstens: Wir wollen billiger sein als die Konkurrenz. Dafür stellen wir ein Ketchup her, es muss genau so gut sein wie das von Heinz, es darf aber nur den halben Preis kosten. Zweitens: Wir müssen mit dem Produkt BABY-VOLLKOST einen neuen Markt schaffen [...] der Babyvollkost gehört die Zukunft. Gurken und Erbsen und anderes Gemüse [...] das können alle machen, unser Schwerpunkt muss Babyvollkost sein [...] und deshalb habe ich die SMP (Svenska Mjölkprodukter) als Partner aufgenommen. Von dort kriegen wir das Know-how für Babyvollkost und es wird ab sofort Babyvollkost für Österreich produziert."

Dr. Flotzinger hebt hervor: „1960 hat die Produktion begonnen und 1961 haben wir bereits 21 Sorten gehabt."

Am 26. Mai 1961 wird die Konservenfabrik FELIX AUSTRIA feierlich eröffnet. Die „Burgenländische Freiheit" vom 3. Juni 1961 berichtet:

„In knapp 16 Monaten entstand mit der Konservenfabrik der Felix-Austria GmbH in Mattersburg ein Betrieb, der wohl den Höhepunkt in den

Bemühungen der Landesstellen und der Gemeinden darstellt, neue Betriebe im Burgenland anzusiedeln und damit Arbeitsplätze im Burgenland zu schaffen. Auf einem 40.000 Quadratmeter großen Fabriksgelände stehen heute riesige Hallen, in denen fast 300 Männer und Frauen arbeiten, mit 400 bis 500 Bauern des Burgenlandes wurden für die Gemüsekampagne 1961 Anbauverträge abgeschlossen, bei einer Normalernte werden 3000 bis 4000 Arbeitskräfte während der Erntezeit in der Landwirtschaft Beschäftigung finden.

Schon für dieses Jahr ist die Verarbeitung von Erdbeeren, Kirschen, Pflaumen, Aprikosen, Äpfeln, Birnen und Beerenobst geplant, darüber hinaus soll im Herbst die Produktion von Fleischkonserven erweitert werden."

In seiner sehr ausführlichen Rede weist Sozialminister Anton Proksch vor allem auf die Bereitschaft von Bund, Land und Gemeinde hin, dieses Unter-

nehmen gemeinsam mit dem schwedischen Mutterbetrieb auf die Beine zu stellen: *„Die Bedeutung des Unternehmens für die burgenländische Land-wirtschaft wird sich trotz aller hämischen Bemerkungen in stets steigendem Maß erweisen. […] Der Idealzustand wird aber dann erreicht sein, wenn die Firma im Zug der Festlegung auf ein kontinuierliches Produktionsprogramm in der Lage ist, einen größeren Stock von Dauerarbeitsplätzen zu bieten."*

Es zeigte sich in der Folge, dass die Hoffnung auf Dauerarbeitsplätze nur in geringem Maß erfüllt wurde. Die Produktion von Gemüsekonserven ist saisonabhängig und hat Beschäftigungsspitzen zu Erntezeiten. Es entwickelte sich daher ein Zusammenspiel von einer Anzahl auf Dauer Beschäftigter und Saisonarbeitern – eher Arbeiterinnen, denn nur wenige Männer konnten oder wollten in der FELIX als „Erbsenzähler" arbeiten. Anfangs wurde in Mattersburg die „Gurkerlproduktion" besprochen und darüber gestaunt, dass

die Schweden „süße Gurkerl" essen. Beschäftigt wurden vor allem Frauen aus dem Bezirk Mattersburg, die mit Bussen zur Arbeit gebracht wurden. Was sich hier so darstellt, als wäre es eine Fehlentwicklung gewesen, erwies sich in der Praxis als eine Veränderung in der Sozialstruktur der Bevölkerung, denn dadurch, dass Frauen in der FELIX eine geregelte Arbeit finden konnten, wurde ihr Selbstbewusstsein gesteigert. Meine Tante, die als Witwe meines Onkels, eines Bauern, bei uns im Haus wohnte, war als FELIX-Arbeiterin eine Frau geworden, die sich ihrer Leistungsfähigkeit bewusst geworden war. Ihr Leben war geregelt, sie konnte sorgloser ihren Lebensabend genießen, weil sie Anspruch auf eine Pension hatte.

An der „Gurkerllinie", Sechzigerjahre

Dies ist natürlich nur die eine Seite der Medaille. Die andere sieht so aus, dass die Landwirtschaft einen gewaltigen Umbruch erlebte, der in der Industria-

lisierung bestand. Die Landwirtschaft wurde nun „maschinell betrieben",
man brauchte kaum mehr „Tagwerker". Die kleinen Bauern – wie mein
Onkel einer war – konnten unter diesen Umständen nicht überleben (er ist
aber nicht daran gestorben!). Meiner Erfahrung nach hat FELIX das Pend-
lerInnenproblem nicht gelöst. Trotzdem erschien es damals so, dass insgesamt
eine Art Zustand der Vollbeschäftigung eintrat, der bis in die Siebzigerjahre
dauerte, und ich erinnere mich, dass um 1975, als die ersten Nachrichten
über Arbeitslosigkeit im Bezirk Mattersburg publik wurden, dies mit „Das
muss eine Fehlmeldung sein!" kommentiert wurde.

Die schon mehrmals erwähnten Probleme mit der Abwasser- und Müllentsorgung waren am Anfang wahrscheinlich nur für die Firmenleitung sichtbar.
Ing. Werner Prünner berichtete von seinem Aufenthalt in Eslöv, dass das
Werk riesige Kläranlagen betrieb und dass die Müllentsorgung ein fast un-
lösbares Problem darstellte. In Mattersburg war man der Ansicht, dass der
„Vorfluter" Rinsalbach (man beachte den Namen) ausreichend sein würde
für die Aufnahme dieser unvorstellbar großen Wassermengen. Es funktionierte auch einigermaßen, obwohl immer wieder das Problem hochgespielt
wurde – so wurde etwa eine Verschmutzung des Neusiedler Sees befürchtet.
Im Jahresbericht des Bürgermeisters für das Jahr 1964 (Stadtnachrichten
1965/1) teilt Bürgermeister Strodl mit, dass *die physikalisch-chemische Untersuchung ergab [...], dass sich die Gewässergüte der Wulka durch Verdün-
nung und Selbstreinigung bis Wulkaprodersdorf bereits wieder so weit
gebessert hat, dass die Wulka dort nur mehr mäßig verunreinigt ist, danach
aber durch die Abwässer von Eisenstadt wieder ‚außergewöhnlich stark verunreinigt' und durch die Abwässer von Siegendorf ‚schwerstens belastet'
wird."*

Das Problem wurde so lang vor sich hergeschoben, bis es zur Gründung der
Zentralkläranlage des „Wasserverbandes Wulkatal" bei Wulkaprodersdorf kam.
1975 wurde das Projekt beschlossen, 1977 wurde die Kläranlage eröffnet.

Durch die Verpflichtung, die der Vertrag mit FELIX der Gemeinde auferlegte,
musste Mattersburg etwa ein Viertel der Kosten der Kläranlage tragen. Auch
heute noch zahlt Mattersburg ca. ein Viertel der Betriebskosten.

Das Müllproblem – sprich der ständig anfallende Abfall aus der Produktion – musste auch gelöst werden, zunächst „irgendwie", etwa durch Abholung der Erbsenschoten, Bohnenstauden usw. von Bauern, die diese Abfälle als „Gründünger" auf ihren Feldern ausbrachten. Natürlich war das keine Lösung bei den riesigen Mengen, die anfielen.

Bauern transportieren Grünabfälle

Zunächst wurde in einem Waldstück an der Straße nach Sieggraben außerhalb von Marz der Grünabfall zur Verrottung deponiert. Später gab es eine Deponie am Beginn des Waldes Richtung Forchtenstein. Auch hier waren natürlich die Mengen das Problem und aus Gründen des Umweltschutzes wurde die Deponieablagerung schließlich reduziert. Es kam dann zu einer Eskalation: In der Stadtratssitzung vom 31. Oktober 1972 wurde mitgeteilt, dass FELIX sich gezwungen sähe, den anfallenden Müll irgendwo auf den

Feldern abzuladen. Diesbezügliche Beschwerdeführer würden an die Gemeinde verwiesen werden. Auch hier wurde eine Lösung gefunden und seit Jahren entsorgt ein professioneller Entsorgungsbetrieb den anfallenden Müll.

Aus der Anfangszeit des Betriebes von FELIX AUSTRIA gibt es eine kleine Anekdote, wie sie mir von Ing. Werner Prünner erzählt wurde: Die große Zahl der Beschäftigten führte zu einem großen Anfall von Fäkalien, die den Rinsalbach zu einer echten Kloake machten. Um dem abzuhelfen, wurde eine Art Fäkalienzerkleinerer aus Stahlgitter entwickelt. Leider war dem Projekt nicht viel Erfolg beschieden – die Fäkalien blieben im Gitter hängen.

Konsul Herbert Felix blieb nicht mehr lange bei AB FELIX. Die Svenska Sockerfabriks Aktiebolag übernahm im Sommer 1964 das Unternehmen und Konsul Felix mit seinem engeren Stab verließ „sein Kind". Nach Verkauf seiner Anteile widmete sich Felix von 1969 bis 1969 humanitären Tätigkeiten im Rahmen der UNO Organisation FAO (Food and Agriculture Organisation) in Rom. 1973 ist er in Schweden verstorben.

Dazu noch ein Zitat aus dem Gespräch mit Dr. Flotzinger über Konsul Felix: *„Er war ein umgänglicher Mann, aber als Geschäftsmann hatte er seine klaren Vorstellungen. Eine kleine Bemerkung am Rande [...] Herbert Felix war mit Maj Sandberg verheiratet. Die Sandbergs waren eine der reichsten Familien Südschwedens. Das Familienoberhaupt wurde gern ‚der König von Südschweden' genannt. Er besaß z. B. eine Hochseeflotte, Düngemittelfabriken und viele andere Unternehmen. Herbert Felix hatte kein gutes Verhältnis zu seinem Schwiegervater. Felix sagte öfter: ‚Ich brauch den Reichtum meines Schwiegervaters nicht [...] ich mag aber seine reiche Tochter. Ich hab sie nicht wegen ihres Reichtums geheiratet, daher will ich nicht, dass sich mein Schwiegervater in meine Angelegenheiten mischt.'"*

Bei gelegentlichen Familientreffen hätten Felix und sein Schwiegervater meist gestritten. Ich erwähne das deshalb, weil der Grund, warum FELIX in den Sechzigerjahren verkauft wurde, Ivar Sandbergs Tod war. Maj, die einzige Tochter, hatte das „Sandberg-Imperium" geerbt. Herbert Felix erklärte zunächst dezidiert, dass er das Erbe nicht antreten wolle, denn dann müsste er das Unternehmen Felix verkaufen, um die Erbschaftssteuer zahlen zu können. Später wurde FELIX dann doch verkauft.

FELIX-AUSTRIA erwarb 1970 seinen ursprünglichen Konkurrenten Phönix, wanderte aber selber durch die Hände diverser Besitzer, darunter z. B. Volvo. Aus dieser Zeit gäbe es zu berichten, dass eine Art Firmensanierer in Mattersburg tätig war, der das Unternehmen profitbringend aufstellen sollte. Mit ihm pflegte die Gemeinde rege Kontakte, um die Zahl der Beschäftigten einigermaßen stabil zu halten. Es gelang nicht wirklich.

Seit 1995 gehört FELIX AUSTRIA zur Orkla Asa Gruppe, einem weltweit tätigen Unternehmen mit ca. 35.000 Mitarbeitern. FELIX AUSTRIA hat 2015 das Unternehmen „Bioquelle" mit Sitz in Steyr erworben und führt dort einen zweiten Betrieb.

Wie profitiert Mattersburg von FELIX AUSTRIA?
Die Werbewirksamkeit von FELIX AUSTRIA ist nicht groß. Die Firma hatte vor längerer Zeit den Werbeslogan „Sie müssen nicht Felix heißen, um FELIX zu lieben!" laufen, aber in dem Wortlaut kam Mattersburg nicht vor! Als Mattersburger freut man sich, wenn eine Ketchup-Flasche von FELIX auf dem Tisch steht. Von den Arbeitsplätzen profitiert Mattersburg (und Umgebung) noch immer, wenn es auch nicht mehr so viele sind wie früher – 2018 beläuft sich deren Zahl auf ca. 200. Maschinen übernehmen die einfachen Arbeiten. Die Steuerleistung war bis 1970 bei ca. öS 170.000,– jährlich und liegt 2018 bei ca. 17 Prozent der Gesamtsteuerleistung von Industriebetrieben. Der Betrieb läuft gut.

FELIX-AUSTRIA feiert 2018 sein 60-jähriges Bestehen. Das spricht für sich.

Paula
Jakob

Elfi
Meidl

Karl
Aufner

„Arbeiten bei FELIX"

Ehemalige Mitarbeiterinnen von FELIX AUSTRIA und ein ehemaliger Betriebselektriker und Betriebsrat erzählen im Gespräch mit Walter Reiss über ihren Arbeitsalltag

Paula Jakob (Jahrgang 1954) aus Walbersdorf hat 39 Jahre lang – 1970 bis 2009 – bei FELIX in Mattersburg gearbeitet.

Elfi Meidl (Jahrgang 1955) hat gleich nach ihrer Schulausbildung bei FELIX zu arbeiten begonnen und war von 1971 bis 1975 und von 1982 bis 2016 im Werk in Mattersburg beschäftigt.

Karl Aufner (Jahrgang 1934) kam als Elektriker zu FELIX in Mattersburg. Dort arbeitete er von 1960 bis 1993. Von 1972 bis 1993 war er Vorsitzender des Betriebsrates.

Karl Aufner: Ich war bis 1959 in der Schweiz beschäftigt. Und als ich gehört habe, dass die FELIX-Fabrik kommt, bin ich zum Arbeitsamt Mattersburg gegangen. Da standen schon einige Frauen Schlange, um einen Job bei FELIX zu bekommen und davor zur Schulung nach Schweden geschickt zu werden. Viele von ihnen sind dann auch nach Schweden gefahren. In meinem Fall – ich bin gelernter Betriebselektriker – hat man das als nicht notwendig erachtet. Ab Herbst 1960 wurden dann die Leute angestellt. Die Frauen haben vorwiegend Gemüse geputzt und abgefüllt, alles noch in Handarbeit, Fließband und viele Maschinen sind erst später gekommen. Die Saison hat bestimmt, wie lange es Arbeit gegeben hat. Den Winter über wurden viele gekündigt, im Frühjahr dann wiedereingestellt. Der Arbeitstag war 8 Stunden lang, zu Spitzenzeiten waren es 10 bis 12 Stunden täglich. Der normale Verdienst war – wenn ich mich richtig erinnere – etwa 6 bis 7 Schilling pro Stunde.

Paula Jakob: Da muss ich sagen: Etwa 8 bis 10 Schilling pro Stunde war für unsere Verhältnisse damals schon ein Spitzenlohn!

Karl Aufner: Ab 1961 ist man dann auch im Schichtbetrieb gefahren. Immer wieder hat man neue Maschinen eingesetzt. Die Wartung war für uns Elektriker nicht immer leicht. Manchmal waren wir nicht gut genug eingeschult auf diese Geräte. Ich hatte vom Chef den Auftrag, neue Maschinen genau im Auge zu behalten. Aber der Betriebsschlosser, der sich ausgekannt hat, musste gerade im Kühlraum dringende Arbeiten erledigen. Einmal hat sogar Mitte der Siebzigerjahre während der Nachtschicht der Blitz eingeschlagen und das Werk ist stillgestanden. Ich bin alarmiert worden und mein Sohn und ich haben die Verbindung zum Stromnetz wiederhergestellt.

Werkstatt 1984

174

Paula Jakob: Die Firma FELIX war mir schon irgendwie vertraut: Meine Mutter hat schon dort gearbeitet, sie war schon seit 1960 in der Verpackung tätig. Ich habe als Näherin gearbeitet und das hat mir nicht recht zugesagt. So bin ich dann mit ihr mitgegangen und bin angestellt worden. Als ich begonnen hab, in der FELIX zu arbeiten – das war im Dezember –, da haben wir hauptsächlich roten Paprikasalat gemacht. Ich kann mich noch genau daran erinnern, dass ich an der Maschine gestanden bin und der Reihe nach die Gläser in Kartons einpacken musste. Der Salat wurde nämlich vorher „geschrumpft", das heißt, er wurde mit Folie umwickelt und durch einen Heißlufttunnel geschickt, damit sich die Folie eng an das Glas anlegt. Diese Arbeit mit den Konserven hat mir aber auch nicht zugesagt. Ich habe oft gemeint: „Bei der nächsten Gelegenheit bin ich weg!" Aber diese Gelegenheit hat sich nie ergeben. So bin ich eben in der FELIX geblieben. Positiv war, dass ich hier ein paar Schilling mehr verdient habe als in der Näherei. Früher habe ich 6 Schilling pro Stunde verdient, in der FELIX waren es dann doch 7, später 8 Schilling. Als ich dann 18 Jahre alt war, durfte ich schon Überstunden machen. Das war natürlich auch ein Anreiz, mehr zu verdienen. Später wurde ich dann als Maschinistin angelernt. Und auch das hat mehr Lohn eingebracht. So konnte ich mir vorstellen, bei FELIX zu arbeiten, bis ich einmal verheiratet bin. Und als ich dann mit einem Gendarmen verheiratet war, haben Bekannte gemeint, ich müsste nun nicht mehr arbeiten gehen. Mein Mann hätte ja einen sicheren Posten und ich sei nun eine „gemachte Frau". Naja, ich musste später immer wieder an diesen Ratschlag denken, wenn ich täglich um halb vier Uhr früh in die Firma geradelt bin. So bin ich der Firma sehr lange treu geblieben. Als meine Tochter zur Welt gekommen ist, war ich ein Jahr zu Hause und dann wieder bei der FELIX.

Der Tagesablauf war so: Um halb fünf Uhr in der Früh war Arbeitsbeginn. Als Vorarbeiterin musste ich an den Betriebsanlagen einiges vorbereiten, bis dann etwas später die Arbeiterinnen gekommen sind. Eine Pause gab es dann von halb zehn bis zehn. Dann ist es weitergegangen bis zum Arbeitsschluss um zwei. Um etwa halb drei war ich dann wieder zu Hause. Die anderen

Mitarbeiterinnen haben dann Nachmittagsschicht gehabt, von 14 bis 22 Uhr. Aber je nach Saison, wenn zum Beispiel gerade viele Gurkerl angeliefert worden sind, dann mussten wir länger arbeiten, oft sogar bis drei Uhr in der Früh. Ob es an diesen Tagen länger dauern wird, das haben wir vor Arbeitsantritt nicht gewusst. Das hat sich spontan ergeben. Da hat es geheißen: „Wir haben 100 Tonnen Gurkerl hier. Die müssen so rasch wie möglich verarbeitet werden!"

Betriebsbesuch Finanzminister Josef Klaus, 1961

Karl Aufner: Das Grundprinzip hat gelautet: Frische Ware muss sofort verarbeitet werden. Man konnte und wollte nichts verderben lassen.

Paula Jakob: Nach dem roten Paprika waren dann die roten Rüben dran. Und dann folgte der Karottensalat. Das Gemüse ist hauptsächlich aus dem burgenländischen Seewinkel angeliefert worden, die Erbsen aus Niederösterreich.

Elfi Meidl: Ich bin gleich nach Schulabschluss zur Firma FELIX gegangen. Lernen, das war nicht so meine Sache. Ich wollte lieber gleich arbeiten. Auch bei mir war es so, dass meine Mutter schon bei der FELIX gearbeitet hat. Als ich da 1971 an meinem ersten Arbeitstag hineingegangen bin, war ich irgendwie erschüttert: Lauter alte Frauen ... Die Arbeit war ganz schön anstrengend. Ich habe als Kind immer schon gern und viel gegessen und war auch dementsprechend „stärker", wie man so sagt. Aber nach den ersten zwei Monaten in der Arbeit habe ich 30 Kilo abgenommen! Es war wirklich anstrengend. In der Verpackung, wo auch Paula begonnen hat, hatte man tagaus, tagein immer dieselben Hand-

Betriebsbesuch Staatssekretärin Johanna Dohnal, 1981

griffe zu machen. In der anderen Abteilung, der Produktion, habe ich es auch kurz versucht. Aber das war nicht ideal für mich. Da hatte man etwa zu tun mit dem Abfüllen von Gulasch in 3-Kilogramm-Dosen. Das musste schnell gehen und da hat man den einen oder anderen Spritzer Gulaschsaft abbekommen. Später habe ich dann auch in der Babykost gearbeitet.

Paula Jakob: Ich war fast überall im FELIX-Werk tätig. Da war ich zum Beispiel bei der Marmelade. Da war ich dann nicht mehr einfache Arbeiterin, sondern schon Maschinistin. Und die nächste Stufe – auch beim Lohn – war dann die Vorarbeiterin.

Elfi Meidl: Es war vor allem für Frauen hier in der Gegend Anfang der 1970er Jahre sehr günstig, hier in Mattersburg arbeiten zu können. Der Weg zum Werk war nicht so weit wie für jene, die zum PHILIPS-Werk nach Wien pendeln haben müssen.

Paula Jakob: Gerade für Frauen hat es damals in der näheren und weiteren Umgebung eigentlich nur drei Möglichkeiten für Beschäftigung gegeben: Die Textilfirma TRIUMPH, PHILIPS und FELIX.

Elfi Meidl: Wir sind ja mit einem gut organisierten Werksverkehr mit Bussen in den Ortschaften abgeholt und wieder nach Hause gebracht worden.

Karl Aufner: Dazu muss ich eine Erfahrung als Betriebsrat erwähnen: Jedes Jahr haben wir einen Betriebsausflug organisiert. In den ersten Betriebsjahren sind da fast alle Mitarbeiterinnen und Mitarbeiter dabei gewesen. Wir mussten

Alltag im Betrieb, 1964

bis zu 8 Autobusse einplanen und auch entsprechend große Lokale auskund-
schaften. Das war keine Kleinigkeit, wenn eine große Belegschaft mit fast
200 Leuten unterwegs war.

Das Verhältnis von uns Betriebsräten zu den Chefs war unterschiedlich. Mitte
der 1970er Jahre hatte die Firmenleitung vor, billige Leiharbeitskräfte in den
Betrieb zu holen. Das war uns Betriebsräten gar nicht recht und wir haben
uns mit allen Mitteln dagegen gewehrt. Diese Arbeiter haben pro Tag 20
Schilling bekommen und mussten die Sozialabgaben selbst bezahlen. Die Ge-
sprächsbasis mit dem damaligen Chef war gestört, wir haben drei Monate
lang nur schriftlich miteinander verkehrt. Mit Hilfe der Arbeiterkammer
haben wir das dann abstellen können. Ende der Achtzigerjahre haben wir
uns mit dem Anliegen durchgesetzt, ein eigenes Sozialgebäude mit Aufent-

haltsräumen für Mitarbeiterinnen und Mitarbeiter zu errichten. Da wurde sogar der Neubau von Betriebsbüros hintangestellt.

Paula Jakob: Es hat ja Zeiten gegeben, da war die Auftragslage schlecht oder der Verkauf hat stagniert. Und die Geschäftsführung hat die beiden Arbeitsschichten zu einer zusammengeführt. Viele Arbeitskräfte sind abgebaut worden und wir mussten von 7 bis 16 Uhr arbeiten. Und in den Wintermonaten ist es überhaupt nicht gut gelaufen. Viele Kolleginnen und Kollegen waren arbeitslos. Erst im Frühjahr hat es dann wieder Arbeit gegeben.

Elfi Meidl: Meine Eltern waren von Kündigungen betroffen.

Paula Jakob: Auch meine Mutter ist gekündigt worden. Allerdings muss man schon sagen, dass die Firma sich sozial verhalten und darauf geschaut hat, dass die Betroffenen ihr Arbeitslosengeld bekommen, also 20 Wochen lang. Wenn es zuverlässige Arbeitnehmer waren, haben sie auch die Wiedereinstellung bekommen. Man hat schon darauf geschaut, ob eine alleinerziehende Mutter den Job braucht oder eine Frau durch Unfall ihren Mann verloren hat.

An der Erdbeerlinie

Erbsendrescher im Freigelände

Elfi Meidl: Ich glaube, FELIX war mit seinen neuen Erzeugnissen wie z. B. Baby-kost im Glas, Fertiggerichten oder Verpflegung für das Bundesheer führend, aber dann haben andere Firmen und Konkurrenten damit das große Geschäft gemacht.

Karl Aufner: Bei der Erzeugung von Ketchup war FELIX in Österreich Erster. Dann haben wir das auch für andere Firmen, wie z. B. INZERSDORFER oder MEINL produziert. Mit der Zeit haben die anderen uns dann mit eige-ner Fertigung und eigenen Markennamen überholt. Plötzlich waren wir Zweiter. Das ist leider immer wieder passiert. Da haben wir Arbeiter und Ar-beiterinnen immer mit demselben Fleiß gearbeitet, aber die anderen haben dann am Markt besser abgeschnitten.

Elfi Meidl: Insgesamt haben sich die Zeiten und die Arbeit selbst geändert. Früher war händische Arbeit gefragt, heute machen das Maschinen. Wenn man früher tausende Gurkerl in der Hand gehabt hat, muss man heute ständig kontrollieren und beobachten, ob die Maschinen und Automaten das störungsfrei erledigen. Früher ist man ohne entsprechende Arbeits- und Schutzkleidung unter kalter Zugluft in der Betriebshalle gestanden. Heute wäre das undenkbar.

Paula Jakob: Ja, und die auf 5 Reihen hoch geschlichteten und 10 Kilogramm schweren Dosen mussten wir damals von Hand weiter reichen zum Transport. Wenn die Lastwagen durch die Hallentore gekommen sind, um die Ware abzuholen, sind wir praktisch im Freien gestanden. Da hat man sich rasch eine Weste übergezogen oder noch schneller gearbeitet, damit man nicht friert. Als Arbeitskleidung haben wir weiße Mäntel bekommen, mit Kopftuch. Und diese Kleidung musste man auch selbst waschen. Später sind dann Hosen dazugekommen, Sicherheitsschuhe mit Stahlkappen, T-Shirts und Einweg-Kopfbedeckungen. Auch Gehörschutz gehört jetzt zur Ausrüstung. Die Arbeitswelt hat sich im Laufe der Jahrzehnte schon sehr verändert, nicht nur bei FELIX.

Elfi Meidl: Aber es ist heute noch so, dass man hier in Mattersburg und Umgebung viele Leute trifft, die bei FELIX gearbeitet haben. Immer, wenn ich beim Arzt im vollen Wartezimmer sitze, dann merke ich sofort, dass jede zweite dort wartende Frau einmal bei der FELIX war oder heute noch dort arbeitet.

FELIX AUSTRIA – Erfolgsrezepte made in Burgenland
Von Gertrude Andersson-Reisner und Gulliver Wagner

Der Gesellschaftsvertrag zur Gründung der FELIX AUSTRIA GmbH wurde am 21. November 1958 abgeschlossen, in der Folge wurde die Gesellschaft noch im Dezember 1958 im Firmenbuch Eisenstadt eingetragen und konnte damit ihre Tätigkeit aufnehmen.

Herbert Felix, der Gründer, hatte eine Vision, die damals utopisch erscheinen musste. Die sich jedoch heute als bemerkenswert vorausschauend darstellt: „Er war überzeugt, dass der Eiserne Vorhang fallen werde und dass es eine Öffnung für den Handel zwischen Ost und West geben werde. Er wollte sich rechtzeitig darauf vorbereiten."

Die Fabrik in Mattersburg wurde mit stattlichem Pomp am 26. Mai 1961 eingeweiht. Es war Herbert Felix' größter Augenblick als Unternehmer. Er war „nach Hause" gekommen, nach Österreich. Ein guter Freund, der bei der Einweihungszeremonie zu Gast war, erinnerte sich, wie Herbert Felix strahlte: „Ich glaube nicht, dass ich ihn je so fröhlich gesehen habe wie damals."

Aufgrund der sehr ambitionierten Expansionspläne Anfang der Sechzigerjahre geriet die schwedische Mutter FELIX AB in eine finanzielle Notlage. Sockerbolaget (ein Zusammenschluss der schwedischen Zuckerindustrie) erwarb Ende 1961 einen Aktienanteil von 80 Prozent und 1964 die restlichen 20 Prozent. Herbert Felix und sein kreativer Mitarbeiter Sixten Holmquist verließen in der Folge das Unternehmen.

FELIX AUSTRIA beschäftigte in diesen Jahren 400 bis 500 Mitarbeiterinnen und Mitarbeiter. Erzeugt wurden vor allem Gemüsekonserven, Ketchup, Babykost und Fleischkonserven. Im Jahr 1969 übernahm FELIX AUSTRIA einen Konkurrenten, Phönix, und wurde damit einer der größten Konservenhersteller in Österreich.

Die Eigentümer der schwedischen Mutter wechselten im Laufe der Jahrzehnte, aber FELIX AUSTRIA blieb davon unberührt!

Seit 1995 ist die FELIX AUSTRIA GmbH über ihre direkten schwedischen Gesellschafter Teil der norwegischen Unternehmensgruppe Orkla ASA, einem weltweit tätigen Mischkonzern mit rund 4,1 Mrd. Euro Jahresumsatz.

2015 wurde mit dem Kauf der Bioquelle GmbH (Lebensmittelproduzent von Müsli, Trockenfrüchten und Nüssen sowie Reformprodukten) mit Sitz in Steyr ein weiterer Schritt der Felix AUSTRIA hinsichtlich Wachstumsstrategie und Erfolgsgeschichte unternommen.

Zum Glück gibt's FELIX

FELIX kennt den österreichischen Geschmack und hat diesen in zahlreichen Produktbereichen auch nachhaltig geprägt. Dank des großen Erfahrungsschatzes und der ausgezeichneten Entwicklungstradition bietet FELIX AUSTRIA eine breite Palette an Lebensmitteln für die Konsumentinnen und Konsumenten bis hin zu Großverbraucherinnen und -verbrauchern. FELIX AUSTRIA orientiert sich an den vielfältigen Bedürfnissen der Kundinnen und Kunden sowie an den unterschiedlichen Geschmackspräferenzen der Konsumentinnen und Konsumenten.

Die größte Bekanntheit hat Felix AUSTRIA mit FELIX Ketchup erreicht – damit ist das Unternehmen seit Jahren unangefochtener Marktführer mit einem wertmäßigen Marktanteil von rund 60 Prozent. Aber auch FELIX Sugo, Saucen, Suppen, Fertiggerichte und Sauergemüse sind in Österreich und über die Grenzen hinaus beliebt und bekannt. Durch die Übernahme von Bioquelle konnte das Marken- und Produktangebot um biologische und gesunde Reformartikel sowie Müsli, Trockenfrüchte und Nüsse erweitert werden.

Ein wichtiges Thema sind auch Innovationen: bestehende Produkte werden regelmäßig weiterentwickelt, neue Produktideen von der ersten Konzeption bis zur Marktreife geführt. So sind unter anderem in den letzten Jahren FELIX Ketchup gesüßt mit Stevia, leicht zu öffnende Glasverpackungen für Sugo und Sauergemüse oder Knusperli Knuspermüsli ohne Zuckerzusatz entstanden.

Beliebte und starke Marke über die Grenzen hinaus

Die Marke, Logotyp mit Wort und Bild, wie man sie heute kennt, stammt aus dem Jahr 1955: FELIX in weißen Buchstaben auf rotem Hintergrund. Die Inspiration holte man sich vom amerikanischen Magazin Life.
Heute zählt FELIX zu den bekanntesten Lebensmittelmarken Österreichs mit einer Markenbekanntheit von rund 92 Prozent (Felix Marken Monitoring, Wirtschaftsuniversität Wien, Jänner 2018)
Neben Geschäften mit den Schwestergesellschaften in Skandinavien und in den baltischen Ländern sind vor allem die Nachbarländer Deutschland (speziell Süddeutschland), Slowenien, Ungarn, Norditalien, Slowakei, Tschechien und Schweiz Exportmärkte. Dabei sind Ketchup und Gulaschsuppe die Key Seller.

Nicht nur den Verbraucherinnen und Verbrauchern, sondern auch der Umwelt verpflichtet

FELIX AUSTRIA hat sich zur Aufgabe gemacht, Verarbeitung und Produktion nachhaltig und ressourcenschonend durchzuführen. Durch Einhaltung dieser Prinzipien leistet FELIX AUSTRIA einen engagierten Beitrag zum Umweltschutz.

Das beginnt bereits bei der Rohstoff- und Materialbeschaffung. Nach Möglichkeit wird versucht, österreichische Produkte einzusetzen, um im Bereich

Nachhaltigkeit den lokalen Aspekt zu unterstützen. Dadurch können auch die Transportwege verkürzt und ein Beitrag zur Verringerung der CO^2-Emissionen geleistet werden.

Seit Jahren lebt FELIX auch ein umfassendes Ressourceneffizienz- und Abfallvermeidungsprogramm. Quer durch alle Prozesse und Unternehmenseinheiten werden Energie- und Materialeffizienzmaßnahmen gesucht, umgesetzt und notwendige Investitionen getätigt, ob für die Optimierung beim Einsatz von Wasserdampf, für effiziente Reinigungsprozesse, Mehrfachnutzung von Kühlwasser für Kühlprozesse oder Implementierung von energiesparenden Systemen.

Eine tragende Rolle spielen dabei die Mitarbeiterinnen und Mitarbeiter, deren stetige Bewusstseinsbildung und Sensibilisierung im Unternehmen groß geschrieben wird.

Nachhaltige Abfallwirtschaft bedeutet aber auch, sorgsam mit anfallendem Abfall umzugehen. Deshalb hat FELIX auch ein eigenes Abfalltrennsystem installiert, das es ermöglicht, die Abfälle optimal zu verwerten.

Durch die gesetzten Maßnahmen konnten in den letzten Jahren der Energieverbrauch und der Abfall signifikant reduziert werden.

FELIX AUSTRIA – einige Zahlen

Als mittelständisches Traditionsunternehmen im Burgenland und seit 2015 mit einem weiteren Produktionsstandort in Steyr (für Müsli, Trockenfrüchte und Nüsse sowie Reformartikel) verzeichnet FELIX AUSTRIA bei einem Absatz von 36.300 Tonnen und einer Exportquote von rund 25 Prozent einen Jahresumsatz von 69 Millionen Euro und ein operatives Ergebnis von 4,5 Millionen Euro (Stand: 2017). Durchschnittlich sind im Unternehmen 220 Mitarbeiterinnen und Mitarbeiter beschäftigt.

FELIX AUSTRIA war und ist ein besonderes Unternehmen – Herbert Felix wäre auch heute noch stolz auf seine Vision und was daraus geworden ist .

Literaturverzeichnis und Quellen

Literatur:

Bauer, Yehuda: *Förintelsen i perspektiv,* Natur och Kultur, 2001

Berglund, Joakim: *Quislingcentralen,* Weinco grafiska, 1994

Brook-Sheperd, Gordon: *The Austrians. A Thousand-year Odyssey,* Harper Collins, 1996

Čejka, Eduard: *Československý odboj na západě (1939-1945),* Mladá fronta, 1997

Cruickshank, Kerstin: *Min natt- och dagbok,* Tre Böcker, 1993

Cruickshank, Kerstin: *Nu! Nu har redan varit,* Galerie Shirvan Förlag, 1996

D'Este, Carlo: *Patton. Genius for War,* Harper Collins, 1995

Elmér, Åke: *Från Fattigsverige till välfärdsstaten,* Aldus/Bonniers, 1963

Erlander, Tage: *1955–1960,* Tidens förlag, 1976

Erlander, Tage: *Dagböcker 1962 (herausgegeben von Sven Erlander),* Gidlunds förlag, 2002

Gaddis, John Lewis: *We Know Now. Rethinking Cold War History,* Oxford University Press, 1997

Grønbech, Bo: *Søren Kierkegaard. En kritisk introduktion,* Gyldendal, 1988

Hadenius, Stig, Molin, Björn und Wieslander, Hans: *Sverige efter 1900. En modern politisk historia,* Bonniers, 1988

Ingmarsson, Niklas: *Felixsjälen – om industriell potatisproduktion på Procordia Food AB,* Nordiska Museet, 1998

Ingrao, Charles W.: *The Habsburg Monarchy 1618–1815,* Cambridge University Press, 1994

Jenkins, Roy: *Churchill. A Biography,* Penguin 2001

Johanesson, Gösta: *Dr P Håkansson och salubrinet,* Eslöv 1993

Johnson, Anders: *Inte bara valloner. Invandrare i svenskt näringsliv under 100 år,* Timbro, 1997

Johnson, Anders: *Lokal näringslivshistoria som redskap i undervisningen,* Svenskt Näringsliv, 2004

Knopp, Guido: *Befrielsen. Krigsslutet i Europa 1945,* Historisk Media, 2005

Kreisky, Bruno: *Zwischen den Zeiten. Erinnerungen aus fünf Jahrzehnten,* Siedler, 1986

Kreisky, Bruno: *Skiftande Skeden. Minnen från fem årtionden,* Tidens förlag, 1988

Kuuse, Jan: *Felix 1939–1984. En livsmedelindustrie med olika ägare,* AB Felix, 1984

Lööw, Heléne: *Nazismen in Sverige 1924–1979. Pionjärerna, partierna, propagandan,* Ordfront förlag, 2004

MacMillan, Margret: *Peacemakers. The Paris Conference of 1919 and Its Attempt to End War,* John Murray, 2001

Modéer, Kjell Å.: *Patriot i gränsland. Einar Hansen – entreprenör och mecenat,* Atlantis, 2002

Myrdal, Gunnar: *Varning för fredsoptimism*, Albert Bonniers förlag, 1944

Nutek: *Den invandrade tillväxtkraften*, B 2005:6

Ohlsson, Per T.: *100 år av tillväxt. Johan August Gripenstedt och den liberala revolutionen*, Brombergs, 1994

Persson, Gösta: *Tjeckoslovakiens ödestimma*, Hugo Gebers förlag, 1938

Persson, Sune: „*Vi åker till Sverige:" De vita bussarna 1945*, Fischer & Co, 2002

Poláková, Květoslava: *Z historie znojemských okurek*, Znojmo, 1991

Sallius, Joel, Johanesson, Gösta und Arvastson, Allan: *Fälad blev stad. Historik med anledning av Eslövs femtioåriga tillvaro som stad*, Eslövs stads drätselkammare, 1961

Sayer, Derek: *The Coasts of Bohemia. A Czech History*, Princeton University Press, 1998

Shawcross, William: *Dubcek*, Rabén och Sjögren, 1971

Shirer, William L.: *The Rise and Fall of the Third Reich. A History of Nazi Germany*, Simon & Schuster, 1959

Svanberg, Ingvar und Tydén, Mattias: *Tusen år av invandring. En svensk kulturhistoria*, Gidlunds, 1992

Taylor, Telford: *Munich. The Price of Peace*, Random House, 1980

Tolstoj, Leo: *Krig och fred*, Forum, 1992

Wilmot, Chester: *The Struggle for Europa*, Woodsworth Editions, 1997

Wistrich, Robert S.: *Antisemitism. The Longest Hatred*, Mandarin, 1992

Wretman, Tore: *Svensk husmanskost. En samling gamla svenska recept anpassade till vår tids moderna matlagningsmetoder*, Forum, 1967

Zeitungen und Zeitschriften:

Arbetet
Dagens Industri
Dagens Nyheter
Expressen
The Guardian
Husmodern
Kvällsposten
Reflex
Skånska Dagbladet
Svenska Dagbladet
Sydsvenskan
Vi på Felix
Volvo Monitor

Internet:

www.cruickshank.se
www.geocities.com/czechandslovakthings
www.lse.ac.uk/collections/gellner
www.radio.cz (Radio Prag)
www.geocities.com/nasenoviny/DunkirkEN1944_45.html (Czechoslovaks at Dunkirk 1944-45, Jan Hyrman)

Archive:

Familjen Buchbergers arkiv
FAO, Rom
Felix Företagsarkiv, Eslöv (Felixarkivet)
Moravský Zemský archiv v Brně Státni okresní archiv ve Znojmě (Stadtarchiv Znaim)
Kaj Perssons arkiv
Riksarkivet, Stockholm. Kerstin Cruickshanks enskilda arkiv
Vojenský historický archiv (Militärhistorisches Archiv, Prag)

Interviews:

Andersson, Gunnar
Buchberger, Christian
Bulukin, Gunnar
Ditleff Buchberger, Caroline
Galme, Ralf
Gavelstad, Björn
Glatz, Werner
Groth, Christina
Holmquist, Erik
Jedlička, Jan
Jeppsson, Ester „Nanna"
Lundvall, Madeleine
Ohlin, Hellen
Peetre, Jaak
Persson, Kaj
Peving, Wivi
Svensson, Anna
Thomasson, Bo
Wingertz, Gösta
Wopenka, Edvin

Abbildungsnachweis

Burgenländische Freiheit, Eisenstadt: 155
Bonnier AB, Stockholm: 123
Felix Austria, Mattersburg: 137, 164, 165, 166, 169, 174, 176, 178, 179, 180
Gemeinde Mattersburg: 161, 162
Landesarchiv Burgenland, Eisenstadt: 158, 177
Malmö Museer, Malmö: 120, 121
Reisner Josef, private Aufnahme: 167
Reiss Walter, private Aufnahme: 172
Riksarkivet, Stockholm: 48, 49, 50, 51, 52
Státní okresní archiv, Znojmo: 27
Wirtschaftsuniversität Wien: 34

Biographien

Per T Ohlsson, tätig als Journalist, Schriftsteller und Kolumnist. Nach dem Studium in Lund Redakteur bei einer lokalen Zeitung, danach einige Jahre bei *Expressen.* 1985 Beginn seiner journalistischen Tätigkeit bei der *Sydsvenskan*, von 1990 bis 2005 deren (politischer) Chefredakteur. Verfasser von mittlerweile neun Büchern, darunter *Konservkungen* (2006) und zuletzt *1918* (2017), eine Abhandlung über den Beginn des schwedischen Wohlfahrtsstaates. Zusammen mit Mats Bergstrand Hauptredakteur und Mitherausgeber des Werks *Sveriges statsminister under 100 ar* (2010), 22 kompakte Biographien der schwedischen Premierminister von Karl Staaff bis Frederik Reinfeldt. Etliche Preise für seine journalistische Arbeit, u. a. Söderbergska stiftelsens journalistpris, Nicolinpreis und Stora Murvelpris für vertiefende journalistische Arbeit. Verleihung der Ehrendoktorwürde an der Universität Lund 2017. Wohnhaft in Malmö.

Martin Andersson, zweisprachig in Baden bei Wien aufgewachsen, studierte Geschichte in Wien und Paris. Literarische Veröffentlichungen von Kurzgeschichten. 2016 Erhalt eines Arbeitsstipendiums des Bundeskanzleramts. Ab 2016 Masterstudium Deutsche Philologie. Beschäftigt beim Institut für Bildungswissenschaften der Universität Wien.

Walter Reiss studierte Publizistik und Politikwissenschaft in Wien. Bis 2014 Redakteur, Regisseur und Gestalter beim ORF. Er produzierte 50 TV-Dokumentationen der Serien *Österreichbild* und *Erlebnis Österreich.* Burgenländischer Journalistenpreis 2000. Moderator und Publizist zu politischen, gesellschaftspolitischen und sozialen Themen.

Gertrude Andersson-Reisner studierte Handelswissenschaften an der Hochschule für Welthandel Wien. Nach mehrjährigem Aufenthalt in Schweden in diversen Betrieben in der Planungs- und Rechtsabteilung sowie in der Buchhaltung beschäftigt. Seit 2001 als selbstständige Bilanzbuchhalterin tätig.

Oliver Rathkolb, Dr. iur., Dr. phil., Univ.-Prof. am Institut für Zeitgeschichte der Universität Wien und Institutsvorstand. Herausgeber der Fachzeitschrift *zeitgeschichte* und der Reihe *Zeitgeschichte im Kontext.* Ausgezeichnet mit dem Donauland-Sachbuchpreis Danubius 2005 und dem Bruno-Kreisky-Preis für das politische Buch 2005 (*Die paradoxe Republik. Österreich 1945–2005*, Zsolnay Verlag). Er ist Mitglied des internationalen wissenschaftlichen Beirats des Hauses der Europäischen Geschichte (Europäisches Parlament/Brüssel) und des Jüdischen Museums Wien sowie Vorsitzender des wissenschaftlichen Beirats des Hauses der Geschichte Österreich.

Eduard Sieber absolvierte das Lehramtsstudium Deutsch und Geschichte in Wien. Lehrtätigkeit am Gymnasium, Direktor der HAK/HAS bis 2000, Gemeinderat ab 1971 und von 1985 bis 1990 Bürgermeister in Mattersburg. Beschäftigt sich als Historiker mit der Geschichte seines Heimatortes.

Gulliver Wagner studierte an der Fachhochschule für Internationale Wirtschaftsbeziehungen in Eisenstadt. Berufliche Stationen bei Frantschach (jetzt Mondi), Lindt & Sprüngli. Seit 2003 bei FELIX AUSTRIA tätig, aktuell als Marketing Direktor und hierbei verantwortlich für die Produktentwicklung.